流程的快与慢

变革助力流程提效　内控防范流程风险

王焕东◎著

企业管理出版社
EMPH
ENTERPRISE MANAGEMENT PUBLISHING HOUSE

图书在版编目（CIP）数据

流程的快与慢：变革助力流程提效，内控防范流程风险 / 王焕东著. — 北京：企业管理出版社，2023.7

ISBN 978-7-5164-2830-6

Ⅰ. ①流…　Ⅱ. ①王…　Ⅲ. ①企业管理—业务流程

Ⅳ. ①F272

中国国家版本馆CIP数据核字（2023）第070713号

书　　名： 流程的快与慢——变革助力流程提效，内控防范流程风险

书　　号： ISBN 978-7-5164-2830-6

作　　者： 王焕东

策　　划： 寇俊玲

责任编辑： 寇俊玲

出版发行： 企业管理出版社

经　　销： 新华书店

地　　址： 北京市海淀区紫竹院南路17号　　**邮　　编：** 100048

网　　址： http://www.emph.cn　　**电子信箱：** 1142937578@qq.com

电　　话： 编辑部（010）68701408　发行部（010）68701816

印　　刷： 三河市荣展印务有限公司

版　　次： 2023年7月第1版

印　　次： 2023年7月第1次印刷

开　　本： 710毫米×1000毫米　1/16

印　　张： 10.5印张

字　　数： 135千字

定　　价： 68.00元

前 言

“一个梦想、一个故事、一句话”的指引，成就了我的2020年处女作《流程经理10年案例笔记》的出版，也让我有机会认识了更多流程圈的同仁。时隔三年又是什么原因促使我的这本《流程的快与慢》的问世呢？主要源于三个出发点：

第一，固化管理实践和管理思想。通过贴近企业现场的管理实践，不断用结构化的思维方式总结与提炼，试图抛砖引玉地让读者看得懂、能理解、可复制，从而达到不断地进化、精进和实践的目的。

第二，大胆创新，探索未来。由于在日常持续的管理实践过程中，经常会接触一些变革项目，其中不乏当下流行的数字化转型变革。数字化转型的本质重在转型，而数字化只是一种工具和载体，其目的仍是促进业务的高效运作，这是企业走向未来的必选题，也是目前管理变革的一个主流方向。

第三，流程既要提效，也要兼顾高质量、低风险。流程管理在助力企业降本提效的同时，也需要管理好潜在的风险，如何做好风险管控自然也就成为大家热议的话题之一。通过以流程为主线，内控在其流程中埋点的方式，解决了业务运作过程中风险无处安放和无法执行的问题。

基于以上精进、趋势、风险三个出发点，推动了此书的出版。由于本人写作能力、经验及思考的局限，本书部分内容也难免会有些不合时宜，恳请读者谅解。

正是大家一直的鼓励和认可，才让我在总结、萃取工作实践的路上坚持了下来。企业领导给予的多领域实践机会，让我有了更多的历练，不断地验证我的假设合理性；朋友和同学的鼓励让我明白自己所做的事情是有价值的；家人的理解让我有了更多的时间来思考，他们是我前行的精神支柱。

最后要感谢企业管理出版社的寇俊玲老师，是寇老师对工作的认真负责、一丝不苟及严谨的工作作风，让此书细节不断修订和完善，才使得本书顺利出版并与广大读者见面。

再次感谢大家的一路陪伴，未来需要你们继续的支持和鼓励。我也会一直坚持在流程实践总结的路上，把最真实、最前沿的理论和实践传递给大家，并时刻保持对新事物的好奇心和不断进取的创新精神，争取与时代和未来接轨。

王焕东

2023年3月

目 录

第一篇　流程治理与架构

从流程管理的价值、定位、组织、人员、能力、架构等多角度全面阐释开展流程管理需要具备的前置条件和能力，为后续开展流程体系建设、流程梳理、流程优化和流程变革等奠定基础，是企业开展流程管理各阶段都需要准备和面临的主题。

第1章　流程治理

1.1 从一位读者对流程管理的价值疑惑开始

工作之余，经常会收到读者与我探讨流程管理的各种问题。我曾收到过一位刚担任流程管理负责人读者的疑惑，如何让流程管理部门的业务被认可，并得到大家的支持，流程管理人员如何寻找自身价值的能力。我们讲流程治理首先就要识别流程部门在企业中存在的价值，下面就以这位读者的疑惑开始我们此书的漫游之旅。

这位读者的疑惑在目前国内企业从事流程管理工作中是一个非常普遍的现象，很多企业的做法就是如这位读者反馈的一样，流程管理人员每天的工作就是在画流程图，写流程文件等，沉浸在自己“一亩三分地”的所谓专业领域而无法自拔，不仅没有证明自身价值所在，也没有获得业务部门和高层的认可。

这个疑惑本质上属于流程管理的价值问题，在此针对这位初做流程管理负责人的读者给出一个更加明确的答复：“画流程图，改流程符号，写流程文件”看似简单，实则不然，它们属于流程管理人员的基本功，是职场小白精深的专业功底，如果对流程管理深入研究就会发现，流程管理真正的价值体现远不止于此，下面我分三个方面进行阐述。

第一，用流程思维引导业务将流程显性化。目前很多企业岗位分工明确，工作人员在自己负责的业务板块中，也许能够做到业务深耕，但对整个公司运营体系的运转缺乏整体概念，考虑问题会偏向局域思维，而流程管理人员则运用端到端、以客户为中心、抓关键控制点（key control point，KCP）等流程思维帮助业务拓展思路与建立关联。当业务人员梳理业务流程时，流程管理人员可以作为引导者，一步步将其脑中看似孤立的事件连接起来，形成这个业务所有人都能看得懂的显性化流程，便于所有人对该流程形成认知与共识，以避免业务人员对此业务貌似理解，实则想法有偏差。有效地引导业务是一门高深的学问，而不是简单地由业务人员将头脑中的业务勾画出来，由流程管理人员修改就算完成这么简单。引导不代表非关键，借用《孤勇者》中的一句歌词“谁说站在光里的才算英雄”，最为恰当。

第二，将已经显性化的流程作为后续变革或优化的起点。我们将业务流程显性化后，大家对这个业务日常运转逻辑的共识在一个层次上，这就相当于我们在后续的流程变革和优化时拥有一个共同的标的物，大家就可以在达成共识的基础上开始讨论如何进行下一步的改善。假如没有将业务流程显性化，那么大家的意见和建议就很难达成一致，因为每个人心中的业务流程千差万别，侧重点也不同，类似鸡鸭不同语，都无法说服对方。

第三，集中优势资源，聚焦价值大、问题多的业务。当我们把公司所有的业务都梳理完成后，公司的业务运转就有了一个全貌，当某块业务发生问题时，我们就能够迅速聚焦在业务流程的某阶段，然后集中各方优势资源来协同解决。假设没有“端到端”的业务流程，在实际工作中就很容易陷入混乱无序的点状状态，而无从下手。这就像一条绵延数千里的输油管道，通过我们安装在不同管道段上的传感设备，能够迅速定位哪段的油管出现了问题。这本身也符合哲学中抓主要矛盾中的主要方面的观点，最终实现价值资源的最大化利用和ROI（投资回报率）的投入产出比。

因此，我们设计流程管理不能满足于画画流程图、写写流程文件，那是功底和基础，而是要发挥主观能动性，将重点放在帮助客户和业务创造价值的层面上。回到我们开始的那个始点，我们做流程管理的一切衡量标准是以客户和公司持续创造价值为核心，而且大量国内外的实践和数据也证明科学的流程管理可以产生价值。只有流程管理能为客户和业务产生价值，才能体现流程管理人员的价值。

案例解读

新冠疫情背景下流程管理对企业复工的价值

在新冠疫情笼罩的大背景下，我们用流程管理来助推企业复工，从另一个角度展现流程管理的价值赋能。

2020年上半年，随着全国新冠疫情病例趋势的下降，各地企业陆续出现复工潮，并将重点投入到新一阶段的生产经营中去。但是，由于新冠疫情并未完全终止，使得各企业复工后仍需要重视疫情的防控工作。

A企业作为国内一家拥有10万多人的劳动密集型制造企业，员工都来自全国各地。面对新冠疫情，各地隔离举措不断加强，使企业在年后复工面临着很大的压力。鉴于此，为了消除复工人员的紧张和恐慌心理，企业成立了疫情防控专项推动组，投入大量的人力和物资，下决心赢得这场疫情防护保卫战。尤其是对复工人员密集的宿舍防疫，专门安排流程专家对接防疫业务。

针对新冠疫情传播速度快等特殊性，原来的《宿舍管理流程》已经不适用，需要结合目前疫情特点提出行之有效的应急举措和保障机制。通过进入隔离宿舍的现场观察，流程管理人员发现以下问题：

（1）防疫工作临时性事务较多，以补漏为主。非典的教训似乎就在面前，当时企业基本没有疫情防控的经历，缺乏经验导致工作以应急为主，因此当各种特殊情况同时出现时，都忙于琐碎事情，现场杂乱无章。

（2）不同事业部的做法不一致。因为住宿人员分布在企业各个事业部的不同园区，在各自为政、分区管制的模式下，大家对待隔离宿舍的政策落地存在理解不一致及做法上的偏差。

（3）缺乏清晰的管控主线和范围。新冠疫情期间的宿舍隔离管理肯定与往常不同，但到底管哪里、管什么、怎么管、谁负责等都没有形成统一的操作指导。

（4）宿舍整体管控能力偏弱。企业宿舍一直属于后勤服务，历来都是容易被大家遗忘的领域，在人员、防疫物资、运作机制等资源投入方面不足，当新冠疫情突然而至，痛点自然就会凸显。

为了彻底将新冠病毒阻隔在公司宿舍区域外，无论从公司政策及资源保障，还是流程设计与执行落地方面，通过实地观察和帮扶，流程管理人员提出了一系列切实有效的防疫举措。

第一，场景分层分类，会议定期协调。结合地方政府要求，公司政策方面也是对返工住宿人员按照不同的地域及身体状况采取不同的隔离政策和分区管理，如针对发热人员的集中定点管控；每天早晚召开两次协调调度会，一方面保障政策落地的效果；另一方面解决各方面临的困难和问题，根据政策的变化时刻调整应对举措。

第二，专人专岗，职责清晰。在隔离宿舍的资源保障上，除了优先提供必备的口罩、体温计、防护服、消毒液、酒精等防疫物资外，更是从各职能部门和事业部抽调专职人员对宿舍管理进行重点防控，并对每层楼配专人提供每天所需的消毒、通风、送餐、打水等日常服务。

第三，端到端流程梳理与拉通。对防疫期间从员工入厂到宿舍管控的端到端流程进行设计与执行监控。以病毒隔离为目的，从员工返厂进入公司到办理入住，再从员工隔离宿舍观察到解除隔离恢复正常工作，形成一条完整的端到端流程。同时，对隔离宿舍区域也从消毒、通风、配餐、垃圾处理、员工关爱等方面给予全方位的流程梳理优化，并对关键管控点及特殊要求进行备注说明。同时，流程人员通过不间断地对宿舍相关流程的持续巡查，宿舍疫情防控机制在各事业部迅速得到统一落实。见图1-1。

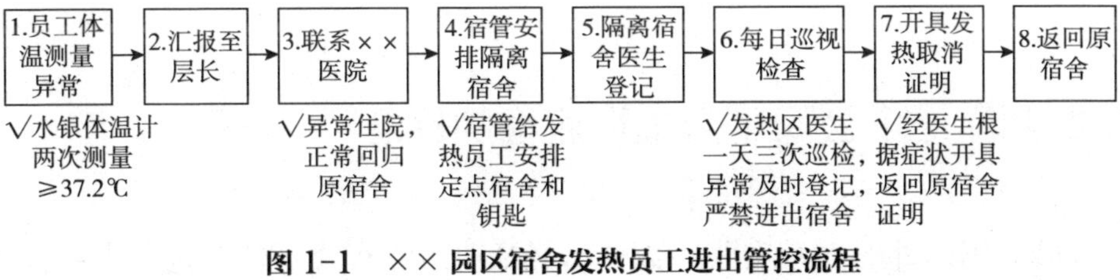

图 1-1 ××园区宿舍发热员工进出管控流程

第四，明确流程Owner担责及检查机制。宿舍管控的精细化需要数据的支持和反馈，宿舍相关流程虽然梳理优化了，但每天入住及解除隔离住宿人员过于复杂，导致人工传递信息经常出现偏差，而宿舍进出人员的数据准确性是管控的关键。为此，我们实行了层长提报数据负责制，各事业部核对数据负责制，要求各事业部统一填制、反馈、检查，达到实际住宿人员状态与数据的一致性。同时，流程检查人员也会以每天各楼层提报的用餐数量作为参考，验证提报住宿人员信息的准确性。

在公司及各部门的大力支持和配合下，宿舍疫情隔离方面取得了阶段性的胜利，最终使宿舍疫情风险的发生为零。宿舍防疫的成功是公司组织、流程和IT（数据）等各方面协同作战的结果，统一了做法，固化了经验，规范了运作，提升了公司的应急管理水平，并将此做法在公司其他宿舍园区及领域迅速推广，满足了企业迅速复工复产需求及降低停产损失的影响，也体现了流程管理在新冠疫情背景下对企业产生的价值。

综上所述，我们的成功经验是流程管理人员在开展流程管理工作过程中，不要拘泥于流程管理的专业领域和体系视角，一定要围绕业务的需求和价值展开，只要深入业务实践解决企业的问题，流程人员就会得到业务的认可，真正成为业务的合作伙伴。

1.2 判断一个公司是否重视流程的标准

既然国内外的大量实践和数据已经证明了流程管理的价值，那我们企业的老板们是不是也应该重视流程管理部门和人员，提升他们在企业中的地位呢？

伴随着流程管理在我国企业逐渐被重视，优秀的流程管理人员也出现了暂时的紧缺状态。随便去网上查阅几个知名的招聘网站，便可发现，各大企业及猎头对流程管理人员的招聘估价那也算得上出手阔绰。流程管理得到各企业的认可，自然是一件好事，说明流程为企业创造价值的核心被认可。但是，我们也不能盲目乐观，某些个别企业对流程的热衷也许是一场运动或一阵风，让风吹一会儿，结果可能是风过无痕。

那我们可以通过哪些视角来判断企业是否真正重视流程呢？我们可以通过以下现象的出现加以判断。

1. 员工遇到问题、解决问题时习惯性地将问题聚焦流程

当企业员工在开会、研讨、评审等场合时会谈到流程，遇到工作中的业务问题时，经常拿流程作为讨论的焦点，说明这个企业已经将流程视为管理的重要工具和手段。同时，我们也要避免另一个极端——“假重视”，就是遇到职责划分不清、扯皮、推诿等现象时，都习惯性地嫁祸于流程，让流程管理人员成为“背锅侠”。

2. 新员工学习的主要途径是通过查看流程文件，而不是靠问师父

当新员工入职后，企业会安排一名有经验的师父对徒弟进行“帮传带”，让新员工迅速掌握岗位技能，如果该企业具有良好的流程文化和基础，师父会告诉徒弟查看与本岗位相关的流程即可，因为流程中沉淀了前人众多的知识和经验，而个人经验容易因人的差异而千差万别。

3. 公司在开展变革或优化项目时，能够主动思考与流程的关联性

众所周知，变革的铁三角是“组织、流程、IT”，因此，当我们在开展一项企业变革或优化项目时，如果项目负责人能够主动思考设立流程组的必要性时，无论结果如何，这本身就是对流程的认可，是重视流程的一种表现。

4. 员工能够主动将项目或例外事项总结提炼后添加进流程

尽管日常工作中员工经常会遇到一些非例行化的非流程事项，但是，当具备了流程思维后，都会习惯性地把这些好的做法、技巧、标准、场景等主动添加进流程，让以后的员工可以站在巨人的肩上少犯错误，这就是骨子里的重视流程、尊重流程。

5. 当遇到分厂设立或新成立子公司时，能够首先想到运用流程实现迅速复制

流程的一项重要价值就是可实现组织能力的迅速复制。当一个企业在异地设立分厂或子公司时，为了最快地将总部的经验复制到新的公司，企业负责人能够首先想到流程的力量，能够运用流程实现敏捷的弯道超车，这就是重视的表现。

当你面临工作新机会前，一定要想办法了解未来企业是否存在以上对

流程管理重视的场景，是否与自己的职业发展规划相一致，以免追悔莫及。如果一个企业的管理者重视流程管理，那么我们就应该将流程管理作为我们实施管理的一个重要抓手，这样做既可以极大地提高工作效率，也可以迅速降低管理成本。

1.3 流程管理是管理者的重要抓手

对于一家认可流程管理价值，且重视流程管理人员的企业来说，流程管理就可以作为他们管理的一个重要抓手。首先我们先来理解什么是“抓手”，百度百科上解释抓手是近似于“着力点”“着力处”，常见于领导讲话，引申为重要途径、切入点、突破口。从这个本意出发理解，我们今天要探讨的主题就是如何将流程管理作为管理者开展工作的一个切入点，但只能是参考或尝试，不能将流程管理太过神话，否则就成了“王婆卖瓜自卖自夸”了。我们可以让管理者试图在以下管理困境的场景中应用或验证流程管理的有效性。

场景一：当公司战略落地缺乏承载和有效工具方法时

任何一个伟大或有梦想的企业都有自己的中长期战略，但战略总是让人感觉虚无缥缈，有种抓不着的感觉，因此，许多老板梦想的战略因为找不到着力点而夭折。而流程是业务的一种现实折射，通过运用战略解码的工具方法，逐层将战略及年度经营计划分解到流程上，借助切实可行的流程管理过程管控，逐一实现顶端战略的落地。

场景二：当实现各级KPI目标抓瞎时

KPI作为目标牵引的工具一直被国内外企业所使用，但在考核过程中总有几个“顽固”的指标无法完成，抛开政策和计算逻辑的影响，仍找不到某个KPI所涵盖的业务范围也是很常见的。而流程管理恰恰又是业务的真实反映，管理者可以借助MECE法则，将某个KPI按照业务逻辑层层分解到具体涵盖的流程上，这样自然就将KPI与真实业务建立了联系，有种有的放矢的目标感。

场景三：当部门及岗位编制配置无从下手时

目前的办公室情景想必大家都不陌生，一个办公室的两种岗位人员却出现冰火两重天的工作状态，A岗位的人整天加班加点忙死，B岗位的人却等靠闲死。之所以会出现这种怪异现象，就是因为对工作岗位职责所涉及的工作量没有一个衡量标准。而流程管理通过描述“做什么，谁做，怎么做，用什么标准或方法做，输出什么”的逻辑，可以作为我们分析部门及岗位定编人员工作量的参考依据。

场景四：当先进经验及管理要求无法有效传承时

面对当今企业员工流失率的不断高涨，使企业中许多好的经验和做法都未得到及时的传承，导致技能的流逝断层，管理成本的增加。同时，管理过程中的一些政策要求缺乏有效落地的工具，也让管理者束手无策。而承载最佳实践经验及管理的要求恰恰是流程管理的天然属性，也就自然成为管理者工作需要的“不二法门”。

场景五：当业务渴望踏上 IT 化或数字化转型之路无门时

业务的良好运作仅靠员工似乎不太现实，还需要将业务固化到系统中，通过执行系统操作，设置数据埋点，才能积累大量的业务数据，为企业数字化转型之路奠定良好的基础。流程始于业务，终于业务，流程管理作为业务与IT之间的桥梁，让业务流程逐渐IT化、数字化才能更好地落地既定的战略，流程管理的思维、工具及方法可以作为管理者的一个重要抓手。

通过以上管理过程中的五种常见场景，你能够更加深刻地理解流程管理作为管理者重要抓手的深刻内涵。流程管理既是一种思维和理念，又是一种管理工具和方法，运用得当即可事半功倍，如有怀疑，不妨一试。

1.4 流程管理组织配置

如果企业的管理者意识到可以把流程管理作为管理的一个重要抓手，那么他们就会挖空心思去思考如何搭建或配置流程管理组织，最终实现其有效运转。作者曾接受从事流程管理工作的朋友咨询：“一个企业理想的流程管理组织应该是啥样的？”针对这个问题，我的建议是，应根据本企业自己的流程管理发展阶段及现状进行设置，而不能千篇一律，照搬照抄。为了给大家一个所谓理想的流程管理组织架构，让大家有努力的方向和目标，作者结合流程鼻祖迈克尔·哈默教授及华为的流程管理组织架构，根据自身的实践经历，为大家提供一个相对完善（但不等于完美）的流程管理组织架构（见图1–2）。

如图1–2所示，我们可以按照自上而下的结构对理想型流程组织架构包含的要素进行解读：

第一，流程变革委员会。是一个企业流程变革与管理的最高决策机构，当然也有最终否决权，主要由企业高管团队组成，负责决定流程变革项目立项、结项验收及关键资源的协调决策机构，并定期听取各领域流程赞助人（Sponsor）的述职及考评。

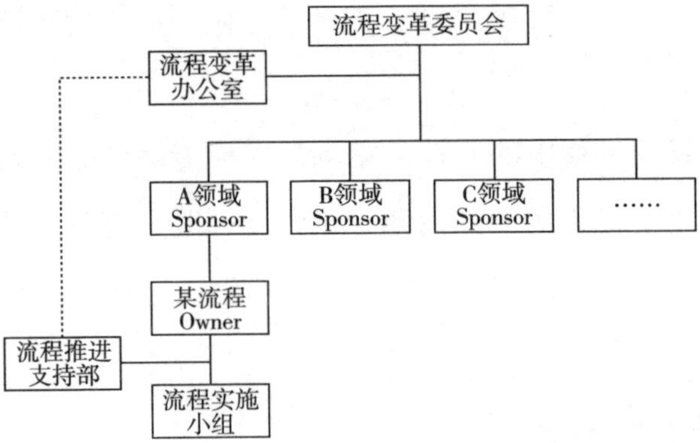

图 1–2　理想型流程管理组织

第二，流程变革办公室。是企业层面的流程管理部门，也是流程变革委员会的常设执行部门，负责统筹公司所有流程变革项目，对流程变革委员会的重大决策事项进行跟踪落地，并指导与赋能各流程推进支持部门，提供先进的流程管理理念、工具与方法，类似一个企业流程管理领域的卓越中心（Center of Excellence，COE）。

第三，各领域Sponsor。一般由某领域的分管高级管理人员担任，也是流程变革委员会的成员，按照企业流程架构，也可以认为是L1流程责任人（Owner），负责本领域内的流程变革与管理工作，向上定期对流程变革委员会述职，向下督促和支持领域内的流程管理项目及日常工作。

第四，流程Owner。是具体端到端流程的主要负责人，向上对流程Sponsor汇报工作，接受Sponsor的授权和指导，寻求开展流程管理所需资源和支持，向下督促流程实施小组完成流程变革及管理工作，虽不是具体的“操刀者”，但绝对是对项目成败负责的第一责任人。

第五，流程推进支持部。一方面协助流程Owner开展流程的日常管理工作，对实际流程实施小组开展流程思维、工具及方法的指导与赋能；另一方面接受流程变革办公室的虚拟指导和赋能，提升自身部门的流程管理知识、能力和境界。

第六，流程实施小组。实际的流程变革与管理工作的最终承接者，负责流程项目范围界定、现状调研、问题发现、标杆对比、原因分析、解决方案的制定等，并坚决贯彻方案的执行落地，通过向流程Owner的汇报，及时获取方向纠偏和资源保障。

整体这个所谓的“理想型”流程管理组织架构可由以上六部分组成，他们相互之间紧密相连，环环相扣。

但是，通过实践，我们在具体实施过程中还需要注意以下两点：

第一，流程变革的方向必须是自上而下开展的，其原因正如迈克尔·哈默所说：一是高层的视野和战略格局不同于中基层管理人员，能为我们减少因信息差、知识差而造成的折返现象；二是高层在企业所具有的资源、权威及影响力更容易推动开展流程变革。

第二，各层级自上而下实施监督管控，自下而上进行述职和考评奖惩，其中，流程变革委员会作为企业整体的流程变革与管理决策组织，起到了关键需求决策、资源保障及战略承接的作用，也是公司流程Owner的顶层管理组织，缺少它就缺少了对流程Owner的统一管理和考评。

尽管作者给出了一种相对理想的流程管理组织架构，看似简单易懂，但在各企业具体实施落地时会遭遇各种困难和资源受限。因此，建议可以根据企业流程管理的发展阶段进行适当裁剪，如，流程变革办公室可兼任各领域流程推进支持部的工作，Sponsor和Owner期初可由一人担任，流程Owner和实施小组也可以合并等举措。对于流程管理组织中流程Owner如何设置、责权利及运行机制，接下来会详细介绍。

1.5 流程Owner体系搭建

当我们把流程管理的组织架构搭建完善后，就需要配置相应的人员，让“坑”和“萝卜”归位。两千多年的封建社会给人们留下了崇尚官本位思想的等级观念，大家对“领导”这个词似乎有一种莫名的好感。为什么会有好感？因为在大部分企事业单位当领导就意味着权利，有了权利就容易唤起内心的私欲，用权利换取一些本不该属于自己的东西，比如金钱、美女、豪宅等。因此，虽然腐朽的封建社会早已消失百余年，但目前我国大部分企业的组织架构方式仍然是以职能式为主，自上而下层层管控，各级领导职位越设越多，为维护自身利益高筑部门墙，导致跨部门沟通成本越来越高。

伴随着中国改革开放的步伐，西方先进的企业管理思想也一并引入，尤其以20世纪90年代初迈克尔·哈默和詹姆斯·钱皮为代表的

“流程再造”理念，通过业务角色的端到端拉通，打破部门墙，消除块状式的区域等级观念等思想，契合了时代，也满足了客户诉求的快速、准确、廉价、易得的需求。同时，流程再造思想的核心理念之一是用平等的角色概念代替具有归属感的部门和岗位，用流程Owner替代了部门领导，从原先的部门利益最大化到客户或企业整体利益最大化的方向转移。

1. 流程Owner及责权利

本专题主要来谈谈流程Owner。从字面意思可理解为，流程Owner就是流程责任人，是流程的主人，流程Owner与我们日常工作中接触的部门领导的区别主要有以下三点：

第一，管理对象不同。流程Owner对流程负责，以事为主线，而部门领导则侧重于对人的管理权，以人为中心。

第二，管理视角不同。流程Owner是从客户需求到满足的端到端横向视角看问题，而部门领导喜欢从纵向视角看，主要对自己的“一亩三分地”负责。

第三，管理范围不同。流程Owner对流程规划、建设、检查、优化的全生命周期负责，包括流程中涉及的角色，而部门领导只对本领域业务和人员具有管辖权。

通过以上流程Owner与部门领导的对比，我们可以对流程Owner的责权利进行如下综述：

第一，立法权。就如同全国人民代表大会的职能，流程Owner负责推动制定本领域业务流程的设计和签发，是本领域流程及规则制定的立法者。

第二，监督权。监督领域内已下发流程的执行情况，并对流程的日常运行进行稽核审计，督促整改。

第三，决策与建设否决权。当流程评审或有争议，相关角色不能达成一致时，负责拉通解决跨领域或有争议的业务流程问题，并拥有最终决策权。同时，对流程执行过程中的相关角色的考评拥有提拔或降职的建议否决权。

2. 如何搭建流程Owner体系

一个组织中的流程Owner指的不是一个人，而是一个群体，通常情况下是由企业的业务特点决定的。为了清晰表达企业的业务特点，我们一般用流程架构这种形式来进行结构化呈现，因此，流程Owner体系的搭建就有了支撑基础，即沿着流程架构建立流程Owner体系。但在国内整体以职能式为主的组织架构大环境下，为了避免流程Owner与部门领导的冲突或对立，我们建议流程Owner与现有管理岗位序列对齐，由各领域主管担任流程Owner，通过流程理念引导并对端到端流程的负责，将各领域主管逐渐引导至以流程思维做事的轨道上，而最终目的是将企业转变成流程型组织，实现流程与组织匹配的目的。

既然是沿着流程架构建立流程Owner体系，按照流程架构的分层原则，一般国内企业的流程架构分为3~6层，因此，流程Owner体系也可以对应3~6层，企业可以根据自身情况，对流程架构进行适当合并或缩减，见图1-3。

各层流程Owner对本领域流程拥有立法、监督和决策权，对领域流程的全生命周期负责。上层流程Owner对下层流程Owner拥有指导、管控和考评权，而下层流程Owner对上层流程Owner进行汇报或请示，及对重大疑难问题的逐层升级解决。

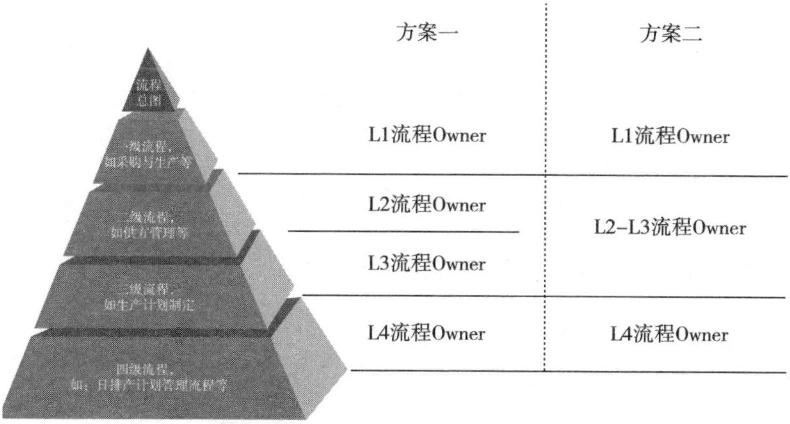

图 1-3 流程 Owner 体系

3. 流程Owner运行规则

（1）任命担责。流程Owner责权利及搭建体系明确后，①需要根据企业实际设计一套评价不同层级流程Owner的评价标准，如流程规划能力、设计优化流程、执行检查能力、专业线组织建设能力、活动宣传能力等；②按照评价标准对应与现有的组织领导岗位匹配合适的人员，并面对面沟通说明担任流程Owner的重要性及责权利，也可以当场检测待任命人员的意愿水平；③为增加流程Owner的仪式感，可开展一次全公司的任命仪式，可选择包括重申流程Owner的责权利、颁发任命书、现场宣誓就职、一把手寄语和期望、合影留念等环节。

（2）行权履责。流程Owner作为流程的主人，对流程的全生命周期负责，后续就按照当初任命的责权利行权履责，如制定领域流程目标并跟踪监控，对流程执行状况及相关角色发挥建议否决权，定期开展流程检查并输出报告，积极参与流程的设计与评审等。

（3）评价考核。每半年/年度需要定期对流程Owner的履责情况做一次全面盘点，既是复盘总结得失，又可作为检测改进的晴雨表。考评规则可以参照之前的流程Owner评价标准，也可以根据企业流程发展情况重新制定检测表，包括领域流程体系完善度、流程执行情况、流程优化改进情况、流程活动参与度等维度。

（4）结果应用。为了真正将流程Owner运行机制落地生根，流程管理部门可以与人力资源（Human Resources，HR）合作，将对流程Owner的评价结果应用到个人绩效承诺（Personal Business Commitment，PBC）中，占有一定的比重，作为领导干部个人晋升、薪酬绩效发放的依据之一。

以上流程Owner任命规则及运行机制的设立，只是停留在我们流程管理部门主导下的“推销”，并非流程Owner主动式的“一相情愿”，可能导致领导的内心反感。因此，要想让流程Owner主动作为，并非一朝一夕，需要持续运用“唐僧式”的流程理念和思维灌输他们的思想，使他们先从思想上认识并改变，然后再慢慢改变自己的行为模式，最终产生对组织价值的贡献效果。

也许有人可能会问：“我们可以不运行流程Owner这套模式吗？”我的答案是：Of Course！我始终认为，如果条件允许，能够借助现有的组织架构去推行流程管理的理念和工具方法，为客户和企业创造价值，这也是非常不错的一种做法。既不破坏原有组织生态，又可以使用新的理念创造价值，何乐而不为呢？

1.6 流程管理能力地图

流程管理组织搭建完成，相应职责的流程管理人员配置到位，就需要对其进行赋能和培养，使其具备这个“坑”应该具备的能力。但是，在解决企业面临的繁杂问题时，流程管理只是其中的一种管理工具，另外还有组织、绩效、文化、IT、内控等很多其他管理领域和手段，他们共同作用治愈着企业产生的各种病痛。因此，我们也要承认流程管理在企业中并不是万能的，不可遇到问题就归咎于流程管理，我们要善于打组合拳，让各种管理手段和工具“雨露均沾”地用于解决企业管理中的各种问题。但从目前国内对抗企业问题的种种迹象表明，如果缺失流程管理的助阵似乎又少了几份“姿色”。

作为一名从事流程管理工作十余年的“老中医”，也遇到过企业中形形色色的问题，真可谓吃过猪肉，见过猪跑，在这个过程中，有人咨询：“王老师，我觉得我们企业的流程管理做得不错，感觉流程管理没什么可完善的了，不知道我们流程管理还能有什么发展？”说这话的人有点大言不惭，真是无知者无畏。本书开头已经讲过，流程管理存在的价值一定是解决客户和老板的痛点问题，为他们创造价值。

企业的流程管理组织中不仅需要搭建流程Owner运行体系，也需要一群具备专业流程管理知识的从业者，他们作为联结人，联系着企业高管、Owner、业务人员、项目人员等，这也就注定流程管理人员需要具备“十八般武艺”，不仅需要掌握自身流程管理的专业能力，而且也需要通晓概念与结构化思维、人际沟通、总结概括、项目推动等软技能。流程管理人员需要具备如此多的知识能力，需要开拓的疆域也如此广阔，若你能在有生之年搞定所有，即真是上天保佑，天赐帅才。因此，为了提升广大流程管理人员的认知水平，对流程管理领域有个全局认识，作者总结了以下37项流程管理能力知识架构供大家学习参考，见图1–4。

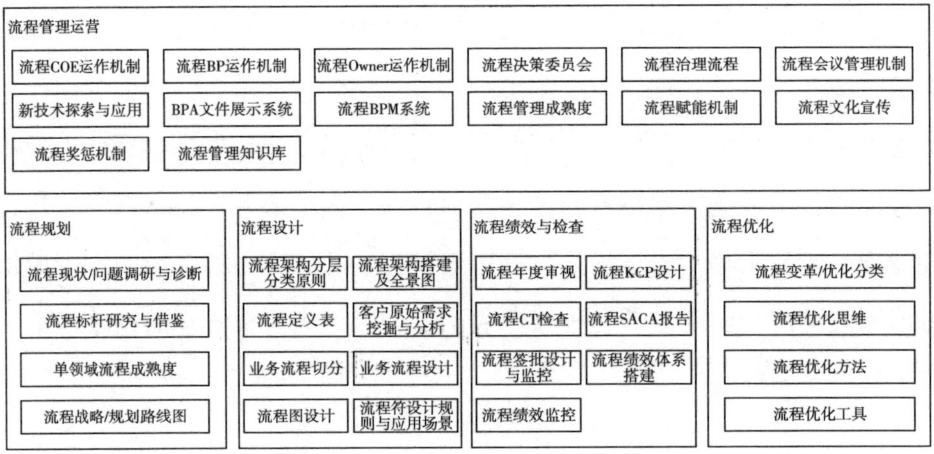

图1-4 37项流程管理能力知识架构

如图1–4所示，我们按照流程规划—流程设计—流程绩效与检查—流程优化—流程管理运营的逻辑，重点从这五个模块简述流程管理人员需要具备和开展的37项流程管理能力。

1. 流程规划（4项）

（1）流程现状/问题调研与诊断。这是介入流程管理工作开展的第一项能力，就是像医生一样对企业做一个全面的“望闻问切”和机器“扫描”，能够比企业内部人员更了解企业本身的能力，慧眼识珠地发现企业面临的问题和痛点，并给出诊断报告。

（2）流程标杆研究与借鉴。在脚踏实地工作的同时眼睛要看向外边，我们不要盲目自信，过于夸大自己的能力，要时刻眼睛向外看，看别家企业好的经验可以拿来为我所用，学会借力，学会站在别人肩上，比低头搞创新更值得推崇。

（3）单领域流程成熟度。区别于宏观宽泛的全领域成熟度，此单是指对某一业务领域测算成熟水平的能力，查找我们与国内标杆优秀企业的差距，用成熟度的标尺去丈量才知深浅。

（4）流程战略/规划路线图。通常企业每年都会制定第二年计划与3~5年的规划，流程管理工作也不例外，也需要根据自身业务的成熟度，结合标杆对比差距和目标制定流程管理的未来计划。

2. 流程设计（8项）

（1）流程架构分层分类原则。流程架构作为流程管理的框架，我们需要具备结合企业自身实际制定分层分类原则的能力，既要参照行业经验，也要入乡随俗。

（2）流程架构搭建及全景图。流程架构在企业架构模块中等同于业务架构，因企业各业务领域的庞杂和专业化，搭建过程需要与业务紧密结合，一起搭房子、理脉络，反复与业务员进行深度交流、研讨与思维碰撞。

（3）流程定义表。这个词来源于华为，就是指每个流程的“身份证”，它里面记录着流程的目的、范围、业务指标、上下游、关键活动、关联流程及部门、涉及系统、流程Owner等信息，可谓一表含所有，因涉及元素较多，所以具备能建设高质量流程定义表的能力也就凤毛麟角。

（4）客户原始需求挖掘与分析。这是我在多篇文章中反复提到的一项非常重要的技能——理解你的客户之所想，感受你的客户之所痛，实现与客户的情感及灵魂共鸣，找到问题的病根所在，这需要长期的刻意练习。

（5）业务流程切分。流程架构搭建完成后，由于各模块之间错综复杂的网络和衔接关系，后续需要将流程边界切分清楚，划分责任，对流程间的边界进行反复验证与模拟，避免踩脚或踩空。

（6）业务流程设计。这是对业务流程各元素及本质问题的思考，规划整体流程逻辑、衔接关系、输入输出、生成表单等，通用模板一般包含目的、范围、名词定义、流程图、流程说明、流程相关表单、流程用户等要素。

（7）流程图设计。这是流程人员必备的一项基础技能，就是能将实际业务脉络清晰、抽象地呈现在流程图中的能力，而且实际业务中的各种场景分支及关联关系都能够表现自如，最终能让业务人员一看就懂、一学就会、业务清晰、不交叉、无歧义。

（8）流程符的设计规则与应用场景。说到流程符犹如道路交通符，每家企业都有自己的理解和定义，但企业内部需要统一语言，形成共识，每个符号的含义和应用场景要形成案例说明赋能给业务，做一个让全公司业务人员都能看得懂的流程，而不只是流程部门才能看懂。

3. 流程绩效与检查（7项）

（1）流程年度审视。之前制定的“完美”流程可能会因时间和条件的变化而不合时宜，也容易被大家遗忘，因此，每年年初我们都需要对所有流程进行一次全面审视，重点识别那些长期未动、业务变化、问题较多或有阻碍的流程，时刻保持流程与业务的一致性、适应性。

（2）流程KCP设计。俗话说“擒贼先擒王”“打蛇打七寸”，这也是我们对待流程的策略，抓重点和主要矛盾，在流程中识别高风险点及关键要素，日常过程对KCP点持续检查，达到事半功倍的效果。

（3）流程CT（遵从性测试Compliance Test）检查。来源于华为，说得是业务在自身日常流程内控审视（Process Review，PR）的基础上，流程管理人员也要具备开展不定期CT检查的能力，不仅可以检查业务PR水平，同时也为了更及时地发现问题，促进业务的更好发展。

（4）流程SACA（半年度评估报告Semi-Annual Control Assessment）报告。来源于华为，此报告原属于内控重要输出，是每半年结合企业的流程成熟度水平、日常检查结果、财务报告、重大专项等信息，对各业务的一个综合评定与评估。

（5）流程签批设计与监控。企业发展到一定规模，就会出现大量签批与授权，而授权的签批效率也从一定程度反映着公司的管理水平，因此系统地对公司所有的流程签批进行原则设定、分层分类、分级授权及过程监控的能力显得特别重要。

（6）流程绩效体系搭建。与组织绩效的不同之处是，流程绩效承接组织绩效，属于对公司组织绩效的过程管控手段，且流程绩效体系搭建也需要从流程结果与关键过程进行双向考虑和设定，最终会沿着流程架构形成自上而下的全流程绩效管理体系。

（7）流程绩效监控。流程绩效体系的搭建是我们以绩效为手段提升公司价值的开始，只有将其运用与监控才能确保业务绩效目标的达成。为了管理的高效，提升绩效的系统化管控水平，尽量促使指标线上化、无纸化，想尽办法让流程绩效的数据收集和监控变得简单而高效。在开展流程绩效运用和监控过程中，需要协调与组织绩效、部门绩效及岗位绩效之间的承接与关联，端到端地审视绩效指标及目标值。

4. 流程优化（4项）

（1）流程变革/优化分类。面对问题是采取彻底颠覆还是行云缓和的策略，则需要根据目标、资源、实施范围而采取不同的解决路径，对问题及策略分层分类是为了更好地发挥资源作用最大化目的。

（2）流程优化思维。这是一个流程专业的职业化思维，当在企业中遇到问题时要具备流程优化的结构化思维，通过分解组合各种管理要素，按照一定的逻辑顺序进行反复解构和重构，最终解决问题。

（3）流程优化方法。每个岗位工作几年都会积累一定的“武功秘籍”，这些就会自然地成为日后我们解决问题的一套打法，流程优化常用的方法有ESEIA、ASME、ABCD法、MECE、5WHY、帕累托、5M1E、鱼骨图等，很多方法都是从精益、质量和运营领域借鉴来的。

（4）流程优化工具。流程优化思维+方法+工具，这就构成了一套体系完整的流程组合拳，我一直觉得做流程管理就像练“吸功大法”，需要具有借鉴其他领域好工具为我所用的能力，“不管白猫黑猫，抓住老鼠就是好猫”。

5. 流程管理运营（14项）

（1）流程COE运作机制。这是一个专家卓越中心，有点类似集团总部的参谋部/智囊团，他们在这里研究秘籍、制定规则、指导业务、赋能培训等，搭建企业的COE中心及运行机制，是盘活公司各级流程管理的绝佳手段之一。

（2）流程BP运作机制。流程BP即流程业务伙伴，他们来源于业务，又接收来自COE流程任务的落地职责，很好地发挥着流程与业务的桥梁作用，如果能够发挥好流程BP的作用，提升他们的流程管理与运营能力，将对COE起到很大的“减负”作用。

（3）流程Owner运作机制。就是说，流程的最终落地还得依靠业务流程主人，他们不仅贴近业务最懂业务，而且也是最有力的流程落地践行者，本书前面篇幅已单独介绍，此处不再赘述。

（4）流程决策委员会。这是企业流程中的最高决策机构，当遇到流程重大问题或待决策升级事项时，就需要流程决策委员会进行表决给出建议，其成员一般由公司高层人员担任，也是企业流程管理发展到一定阶段，彰显对流程管理定位及价值重视的一个虚拟组织。

（5）流程治理流程。即所谓管理流程的流程，对流程的规划、设计、优化及运作机制有比较详尽的解析说明，只有流程管理部门思路清晰地掌握着流程到底如何规划和运作，才能梳理清楚具体的业务流程，它属于流程的流程。

（6）流程会议管理机制。流程管理工作的推动经常是项目制运作，定期召开周会与里程碑会议也是家常便饭；有时需要赋能业务与专业线人员，需要有定期、不定期的月会或季度会；有时需要召开年度规划会或年末复盘会等，因此，建立体系化的流程会议机制也是做好流程工作不可或缺的。

（7）新技术探索与应用。现代社会科技可谓日新月异，我们要时刻关注流程管理领域的前沿科技与趋势，如流程与数字化技术的结合，保持与时俱进的心态，将流程管理与科技及趋势充分融合，为我所用，才能使流程工作与时俱进，对企业持续产生价值。

（8）BPA文件展示系统。为了让企业所有业务人员都按照流程开展工作，指导公司实行标准化业务运作，就需要一套方便业务可展示的流程文件展示系统，把他们分层分类地系统展示将有利于业务的查阅与使用，BPA文件展示系统的搭建与开发也是流程管理发展初期就需要考虑布局的关键。

（9）流程BPM系统。这是企业发展到一定阶段后搭建的业务流程签批系统，可根据业务流程规则与授权定制开发，满足业务提升效率的需要，它可以按照不同维度（如部门、个人、流程、时间等）统计展示各部门签批时效等。

（10）流程管理成熟度。这里区别于流程规划模块中的“单领域流程成熟度”，是对企业流程管理整体成熟水平的诊断，目前行业中比较常见的有PEMM模型、BPMM模型、埃森哲十维度模型等。通过每年的流程管理成熟度测评，及时了解自身企业流程管理的位置和不足。

（11）流程赋能机制。随着COE运转机制及企业的持续发展，流程管理部门需要不断将成功经验、成果和案例进行赋能传导到各业务及BP学习，可根据企业发展阶段、业务侧重点、人员层级、学习便捷性、成熟度水平等设置不同的赋能形式和群体。

（12）流程文化宣传。“酒香不怕巷子深”的道理在现代社会显得有点过时，而“会干也要会说”的价值观更能得到大家的普遍认同。只有将好东西包装宣传出去，让更多的人知道和学习才能得到大家的认可，流程的持续文化宣传对企业就不容小觑，犹如抖音的连锁反应，让企业人人把流程作为一种管理工具。

（13）流程奖惩机制。通过内部赛马机制提升整个流程管理你追我赶的氛围是一个非常不错的选择，同时，对于我们日常流程PR/CT检查过程中发现的违反流程事件的奖惩也需要“师出有名”，也对建立流程奖惩机制提出了客观需求。

（14）流程管理知识库。这就像一个百宝箱，把流程管理中成功的经验、失败的教训、解决问题思路、内部案例等都沉淀固化下来，形成一个智能专家库，从而能够让企业更多的人了解流程管理的本质、思维、逻辑、工具、方法，从而让业务自助解决业务中出现的问题。

对于流程管理人员来说，上述五大模块的37项流程管理能力知识架构，就像一张流程开疆扩土的未来版图，可以根据企业的不同发展阶段进行推进布局，逐步提升企业的流程管理成熟度和文化氛围，潜移默化地提升着业务人员解决问题的能力。这37项专业能力也只是基于作者个人的经验总结，对于有不同经验的人会有不同的理解和感悟，也希望其他流程管理界的同仁给予补充和纠正。

1.7 再谈流程绩效

意识上认可了流程管理的价值，设置了流程管理组织，搭建了流程Owner运行机制，招募了流程管理人员，并对其进行了能力赋能，这一系列前置动作都已万事俱备，那接下来到底如何评价流程管理工作的好坏和价值产出呢？实施流程绩效监控和评价是未来的一个选择或方向。

1. 为什么要再谈流程绩效管理

我的一篇文章《跟我一起设计流程绩效指标》详细介绍了搭建流程绩效指标的方法。在这里之所以再谈，是想从宏观层面把流程绩效指标及其相关绩效指标讲清楚。

2. 什么是流程绩效管理

流程绩效管理是指在企业流程框架的基础上，通过对流程的设计、分析、监控得出的过程性指标，它上承战略的落地执行，下接人员及岗位的日常行为监控，从而发现业务运行过程中的不足而进行持续优化和改进。

3. 流程绩效与组织绩效、部门绩效及岗位绩效之间的关系

流程绩效的定义中已经说明，它是对上承接战略落地的组织绩效指标，横向与部门绩效指标进行呼应和打通，对下由岗位绩效指标进行承载，可以说流程绩效指标是企业所有指标体系的中间环节，见图1–5。

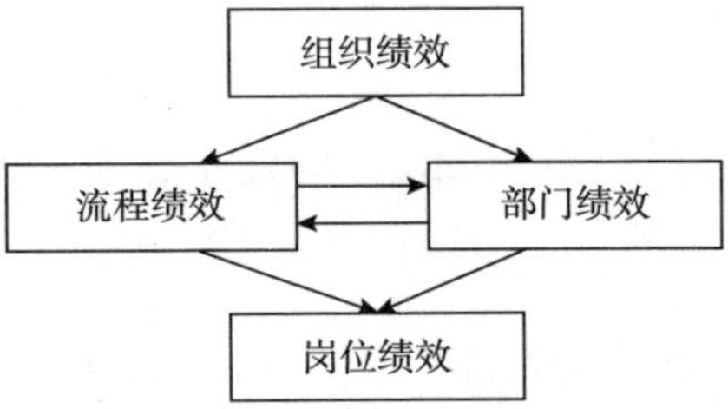

图 1–5 组织、流程、部门及岗位绩效的关系

4. 流程绩效管理的作用和意义

第一，它解决了战略指标落实到组织能力的落地问题，通过流程将相关部门和领域打通，反映出协同中出现的问题。

第二，建立业务流程链条上所有相关部门的共同目标和标准，让大家

同心协力。

第三，严肃了大家对流程的尊重，让大家持续执行和改善流程。

5. 如何评价流程绩效指标设置的优劣

俗话说“你考核什么，就会得到什么”。这是人性决定的，每个人都是趋利避害的，都想做对自己有利的事情，而逃避惩罚和不良印象。在设置流程绩效指标时，需要坚持以下五个原则：

第一，流程绩效指标的设置一定是自上而下的战略驱动设计，不允许出现仅有利于本部门或岗位，却与组织绩效指标相违背的指标。

第二，流程绩效指标的最终评判标准一定是能为客户创造价值，将客户的需求和要求转化成内部的指标。

第三，流程绩效指标的设计既要重视结果导向，也需考虑过程指标，没有过程的结果就是垃圾。

第四，流程绩效指标的设计数量一定要少而精，因为任何指标的监控和考评都是要付出成本的，建议一个流程1~3个指标即可。

第五，流程绩效指标的设计要360° 考虑，向上考虑管理的要求，向前考虑前段流程的输入，向后考虑后端流程的支撑，还要考虑流程自身业务的诉求。

6. 流程绩效指标有哪些类型

这个问题要从两个方面分析：

第一，从端到端流程的位置上将流程指标划分为P1结果指标、P2流程段指标、P3流程节点指标三个类型，见图1–6。

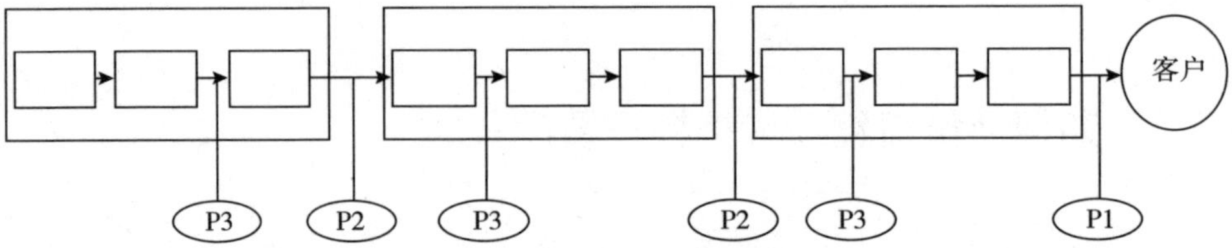

图 1–6　流程指标的设置逻辑

P1结果指标。是指整个端到端流程结束时，导致最后的那些结果性指标，最终影响了外部客户的原始需求或内部客户的下一阶段。

P2流程段指标。是指在某一段流程结束时设置的流程绩效指标，它用来测量单个流程的产出结果，以及对下游流程的输入达标要求。

P3流程节点指标。是指可能因为某个活动比较重要，牵一发而动全身，而针对这个关键活动而设置的达标指标，是典型的过程性指标。

第二，从流程绩效指标的维度划分可以设置为效率类、质量类、成本类、风险类、规范类等五种类型。

如果将以上这两个维度形成一个矩阵，那么就相当于在每个P1/P2/P3阶段都可以从这五个类型中选择相应合适的指标进行设置，从而极大地丰富我们的流程绩效指标库的数量与范围。但同时我们要谨记管理是有成本的，多不一定好，精准、有效、当下合适才是设置流程绩效指标的标准。当我们在企业中做了一系列流程管理工作而不知道如何评价我们流程管理工作的价值时，流程绩效管理方法和工具的引入及实施可以为我提供一把测量的标尺，评价优劣且能及时纠偏。

第2章　流程架构

2.1 流程架构分层逻辑

一个企业的办公大楼盖多少层合适？这个问题可能会跟这个企业的土地规划、资金预算、办公用途、发展战略等都有关系，虽然没有一个固定标准，但会跟当下企业实际及未来发展密切相关。当流程管理的组织搭建及人员配备到位后，我们就需要着手对一个企业的流程高阶架构进行系统地规划和设计，那你认为一个公司的流程架构设计几层会比较合适呢？在回答这个问题前，作者先抛出三个制造行业的流程架构案例作为引子。

A企业：流程架构共4层，其中，前3层为框架层，根据企业业务领域及范围自上而下层层分解，而第4层才是具体的流程文件层，支撑框架层的执行落地。

B企业：流程架构同样分四层，但框架层是1~2层或1~3层，也就是说在第3层或第4层可能出现了执行层面的流程文件，当第3层设计的流程文件足以能够说明业务细节时，就不需要第4层流程了；但当第3层颗粒度过粗，不足以概括说明业务时就会出现第4层流程，作为第3层的子流程予以补充，第3层和第4层都会出现流程文件，此时两者是“父子”关系。

C企业：流程架构分为5层，其中，前3层为框架层，第4层为流程文件层，第5层是将第4层流程文件中的相关表单/操作说明/活动规则等单独拆分了一层作为第5层，这是企业根据自身特点定义的。

看完这三个企业的流程架构你受到什么启发？一个公司流程架构分多少层比较合适，貌似没有一个统一的标准，流程架构的分层分类会跟公司的业务复杂度、分解逻辑、分层目的及管理精细化程度等有关。

更为夸张的是，有的企业将流程架构分到了7层，其中前4层为框架层，第5层为流程文件层，第6层为活动SOP层，第7层为表单层。这个流程架构的分层是否合理我们不作评价，可能也是当局者根据企业实际和未来发展需要，经过内外专家及高层的共识而设计的。

通过以上不同企业的流程架构设计分层，我们可以得到一些启发，从中抽取出，供以后我们设计流程架构时的底层逻辑思考。而流程架构的分层到底是3层、4层还是7层、8层，也就不用太刻意了。

当我们初始设计一个企业的流程架构而无从下手时，可以先对标借鉴行业中比较成熟或分行业（APQC）的流程架构母版，然后再根据本企业业务模式和思考逻辑进行规划分解。如果企业的流程管理成熟度水平处于刚起步阶段，不太建议将流程架构分得过细，一是尚未精通流程架构的分层设计原则和方法，容易误入歧途；二是容易导致后续管理成本的增加。流程架构的框架层需要保持相对稳定，切忌“闲着没事，成天动架构”，如果现实果真如此，那只能说明流程部门是真悠闲，那么就去深入业务，帮助业务人员解决实际业务流程问题，这种用流程管理工具帮助业务解决实实在在的问题难道不香吗？

最后再次说明，流程架构的分层设计一定是谨慎和慎重的，需要与高层达成共识，与中层坐下来反复评审，并符合基层的业务实际。但是，当我们一旦确定了企业的流程架构，最好三五年就不要来回变动了，之后就把重心放在一线，服务好业务部门，为业务人员创造实在的价值，解决他们的问题更能得到业务的认可。

2.2 高阶流程架构研讨

流程架构如同房屋框架，它可以承接战略，反映业务本质，而一级流程架构更是从企业顶层“Why”层面，回答了这个业务为什么要存在的问题。

A企业几年前在参照行业H标杆公司流程架构基础上，搭建了企业自己的流程架构，且也有自己的分类分层体系。但随着业务及组织的不断发展变化，各部门对流程架构的认知开始出现偏差，一级流程架构从最初的15支增加到20支，近来又伴随新一轮组织的拆分，开始出现新的一级流程增设需求，俨然成为各一级组织“标配”，但这也从另一个层面反映了各部门对流程管理的重视。

流程架构跟组织及业务到底是什么关系？流程架构需要跟随组织调整而及时变化吗？一级流程架构到底多少才合适？一个好的一级流程架构应该遵循什么原则搭建？面对种种疑问，平台流程IT部门从职能部门的角度，为达成统一共识，拉通各一级部门流程专业线人员共同研讨，就企业未来的一级流程架构展开研讨。

在讨论一级流程架构前，需要各部门形成共识，明确高阶流程架构搭建的几个原则：

（1）聚焦主价值业务，精简。

（2）反映业务本质，不能被现有组织架构束缚。

（3）流程架构既要反映企业现状，又具有相对的超前性/稳定性。

（4）各业务间避免交叉、重叠，坚持MECE法则。

（5）借鉴标杆，站在巨人肩膀上取其精华，贴合实际。

一级流程架构主要是对企业开展哪些核心业务进行的流程类别设置。既然我们都认可流程即业务，那么我们分析流程架构的基础就是实际业务运转逻辑，因此，此次研讨的主线就是沿着先厘清业务后搭建架构的顺序开展。

虽然A企业属于电子产品代加工制造企业，但更具有项目制企业典型的时间紧、周期短的特点，因此，与电子代加工行业业务逻辑相似度极高，主价值链业务即市场洞察—线索获取—竞标合同—产品研发—订单交付—货款回收—售后服务。

根据行业及本公司主价值链业务逻辑，在借鉴了华为、美的、富士康、三星等标杆企业的一级流程架构基础上，采用流程架构搭建的两分法，价值类流程分为市场到合同、集成产品开发、订单到回款、问题到解决。同时，为体现公司的战略牵引作用，将战略与绩效流程也作为了价值类流程，放在了“第一把交椅”。

两分法主要分为价值类流程和支撑类流程，为支撑/服务好价值类流程持续创造价值，按照企业人、财、物、信息等业务实际，将支撑类流程分为人力资源、财经管理、集成供应链、流程IT及其他基础支撑的五个一级流程。此次研讨结果是在遵照分组讨论、集思广益、遵照业务实际、集体评议等基础上达成的共识，是一次成功的上下同欲者的胜利，但也潜伏着“危机”。

此次流程架构的研讨与之前企业存在的流程架构主要变化点如下：

（1）将战略与绩效流程放在了价值类流程的第一个，凸显了战略的方向牵引作用，同时也融合了传统制造业与项目制企业的架构特点。

（2）将原市场到线索、线索到回款、客户管理三个一级市场流程合并为一个市场到合同流程，并结合业务实际，将回款环节迁移至订单到回款流程。

（3）将与产品质量相关的流程嵌入至集成产品开发和订单到回款流程，同时将其他质量运营流程与原流程IT流程融合，形成类似华为式的大质量运营流程。

（4）将支撑企业基础业务的法务、证券、行政、基建、精益等业务，打包为一个基础支撑流程，作为其服务主价值业务的二级流程而存在，杜绝各部门间的“攀比”，一切以服务业务、创造价值为目的。

一个合格的流程架构搭建固然离不开围绕业务的本质，但其诞生的过程更需要平台部门与一线业务部门“上下同欲”的共识，而不单是专业线专家们的“闭门造车”。

如果高层批准了此次对公司一级流程架构的调整方案，后续对公司其他管理要素会有什么影响或挑战吗？经过各组充分研讨，共同达成以下共识。

（1）高层治理方面。在前几年公司疯狂扩张和业务为主的发展导向下，各事业部规模也是与日俱增，一方面导致平台无中央管控部门；另一方面造成了各事业部各自为政的分散局面，给未来担任某个一级流程的Owner留下了难题。

（2）战略与绩效承接方面。战略与绩效绑定在一起，正好可以将战略按照平衡记分卡进行绩效分解，然后再接着往流程及个人绩效处落实，看似完美，但目前公司的组织绩效、流程绩效（尚未建立）及个人绩效都不在一个部门，如何链接和黏结成为一个难点。

（3）对组织影响方面。如果各方同意了目前的流程架构，是否可以考虑对现有一级组织进行整合或拆分，汇报关系又该如何？如分别负责管理技术人员、一线作业员、干部等群体的人力资源模块分属不同的一级组织，且由不同的分管领导管辖，后续的组织调整也是一块硬骨头。

（4）流程边界与范围方面。目前讨论的一级流程边界和范围相对比较清晰，可一旦再往二级流程拆分时，就容易出现边界模糊、遗漏、交叉或重叠现象，毕竟整个公司的业务就是一张网，如何界定各业务模块间的输入输出，就非常考验企业领导的专业度。

（5）文件签批和IT配置方面。在目前各事业部“多足鼎立”“分而治之”的情况下，文件的签批规则和授权机制是否明确，系统配置能否承载一个文件多套规则的压力和复杂性，这也是将来需要思考的问题。

因此，流程架构具备相对的稳定性是有一定依据的，在调整完一次大的流程架构后，应该按照华为的“先僵化、后优化、再固化”的策略休养生息，给调整后的业务一个缓冲适应期，保持业务的相对稳定性和连续性，毕竟流程架构的调整牵一发而动全身。

2.3 流程整合VS拆分

每家企业根据自己的行业特点及发展阶段，明确了本企业的流程架构分类分层及形成上下共识后，就会有人产生另外的疑问了，针对业务相似的事业部之间，从公司层面是建设统一的流程架构，还是按场景或BG分别建立。或许以下案例的解读对你流程架构的设置有一定的启发。

1. 背景

伴随公司业务的迅速扩张，原A事业部根据客户的不同拆分为BCD三个事业部，其业务形态及模式基本一致，且各事业也共用了之前A事业部存在时的统一流程架构及文件体系。但组织架构及人员却从原来的一个拆分为三个，分别由不同的事业部长负责管理。

2. 现状与问题

当企业同时在三个事业部推广MRP项目时，项目经理遇到了一个比较纠结的问题，在流程优化项目梳理过程中，针对既有共性业务又有三个事业部各自特点的业务时，流程该如何设置呢？同时，因为公司平台尚未统一的部门来拉通和负责此业务，因此，此部分流程的后续管理也是一个亟待解决的问题。

3. 两种方案的优劣势对比

方案一：三个事业部共性业务一套流程，针对差异业务分别建立

优势：①共性的流程统一制定，统一管理，防止业务走偏，如基础数据维护流程、MRP运算流程、销售与运作流程、生产计划与控制流程等。

②共性的流程一般都是业界比较成熟的，符合系统逻辑与标杆实践的，制定一份统一的流程可节省人力成本，降低重复建设工作。

劣势：①如果某个事业部对共性流程进行修订时，不仅需要拉通内部相关角色，而且还需要拉通另外两个事业部相关角色一起评审通过才能修订，那么，整体的时间及资源拉通成本非常高。

②针对共性业务流程，流程Owner设置在哪个事业部负责都不合适，而且一旦设置为其中一个，就容易造成后续的扯皮和不作为。

方案二：三个事业部根据自身业务特点全部流程分别单独建设

优势：①各事业部有独立完善的流程体系，流程Owner及日常管理比较明确，不仅不容易扯皮，而且维护方便，管理简单。

②流程需要修订时，只需要拉通内部一个事业部的相关角色评审即可，不需要高昂的跨部门拉通成本和资源协调。

劣势：①针对相似性比较高的流程允许自己修订，无统一管理，时间久了容易走样，偏离当初项目设定的目标，容易出现“政出多门”的混乱状态。

②相似的业务流程制定三份，造成工作的重复及工作量的增加。

4.问题的本质

当我们遇到类似上述的业务问题时，我们需要根据公司的发展阶段及管控模式来思考解决问题的路径。

当公司平台有统一的生产计划管理部门，或者公司对各事业部实行的是中央集权式的运营管控模式时，我们建议对相似性较高的共性流程统一管理，统一监控和考核，提升共性流程的统一性、严肃性和权威性。

当事业部的权力及发展超过公司总部，导致平台没有相应的部门承接这块业务，或者公司对各事业部实行的是分权式财务管控模式时，我们建议各事业部分针对不同的流程设置不同的流程Owner自行管理，充分发挥各事业部的自主权和灵活性。

因此，项目过程中针对各事业部的业务流程架构到底是统一管理还是分别自建，不是谁说了算和输赢的问题，而是由一个公司与业务的成熟度决定的，不能一概而论。

2.4 一个“暂缓”流程

如前所述，搭建流程架构是从顶层宏观视角确定流程的位置及关联关系，是一种高层的流程框架设计。当我们在设计流程之初，首先需要明确目前业务整体的运作逻辑，也只有明晰了业务的本质，才能明确切分自身流程边界与上下游之间的衔接关系。

OTD（即从订单到交付Order to Delivery）流程是制造型企业一个非常重要的一级端到端流程，我们在搭建OTD流程后端业务时，设计了三个评价改善流程，分别是《交付评价与改善流程》《成本评价与改善流程》《质量评价与改善流程》，试图从效率、成本和质量三个角度形成对流程评价的闭环，但在各Owner评审过程中却出现了不同的声音。下面我们就以《交付评价与改善流程》暂缓的事件作为案例说明。

一听名字就知道，交付评价与改善流程是处在OTD领域的后端流程，作为前面流程活动运作结果的一个改善和评价。从一个事业部的视角来看，这个流程放在OTD后端非常贴切，形成了一个端到端的闭环，但是从整个集团公司的视角看就不一定合适了。当流程被设计完成后进行各事业部评审环节时，对这个流程的理解和定位就出现了分歧。

A事业部的意见是：既然这个流程是放在生产制造完成后，那么改善与评价的维度应该是企业内部的指标，重点关注生产计划达成率、工单关闭及时率、UPH达成率等。

B事业部的意见是：虽然将这个流程放在我们企业的制造运营后端，但是企业盈利的目的都是为了达成客户的目的，因此我们应该以客户为中心，将外部客户的指标进行分解承接，并将客户指标达成情况反馈客户，指标也应该主要以OTDC（客户承诺达成率）、运营周期等指标为主。

C事业部的意见是：交付的过程涉及方方面面，不仅是生产过程效率，还涉及自身的质量与成本，涉及工艺、品质、精益、现场生产等领域，所以这个流程应该涵盖全面。

从以上三个事业部的意见中发现，似乎说得都有道理，但如果我们将这个问题上升到集团公司层面可能就会出现交叉或不合时宜。

第一，目前公司正在开展组织绩效、流程绩效及个人绩效三者之间的指标分类与划分工作，哪些指标属于公司管，哪些指标属于事业部管，哪些指标纳入个人PBC考核，目前尚无定论，这也是公司未来数据变革很重要的一个方向。

第二，如果从指标评价角度看，三个事业部的意见都是针对组织绩效指标的评价，但目前公司平台已经有部门在管辖和考评；如果从指标改善角度看，目前公司质量部的持续改善流程已经涵盖。因此，无论从改善还是评价角度，都与公司平台部门职责产生了踩脚现象。

综上所述，为了后续与公司平台部门切分清楚职责，及公司未来变革的需要，且此流程处于业务后端作为评价考核比较独立，对其他主业务的运作执行不产生强影响，经在场评委及流程部门协商达成一致，暂将此流程暂缓设计执行，待后续各方职责切分清楚，明确方向后再完善执行。

案例中之所以会出现三方意见各持己见，与前期流程架构的范围界定不清晰关系很大，所以前期的充分研讨和各方共识是非常关键的一个环节，防止后续业务之间的扯皮、踩脚、遗漏。

第二篇　流程梳理与优化

第一篇明确了流程管理的价值，铺设了流程治理等要素，流程管理人员接下来就要进入真正的“实战”阶段。流程梳理和流程优化就是由业务人员和流程管理人员共同对现有业务现状进行全面诊断，查找其断点、踩脚、冲突及不合理的地方，然后运用流程管理思维和工具方法予以助力业务的提效、降本和增质的持续改善过程。

>>> 第3章　流程梳理 <<<

3.1 不能忽视的流程梳理

提到流程梳理，就像每天早上梳妆一样，将睡了一晚上杂乱的头发梳理整齐，脸部再配以化妆品就可以美美地出门了。流程梳理一般用在流程体系搭建初期，或运行了一段时间的流程体系出现偏离时，让其恢复到正常轨道，使所做、所说和所写相一致。相比于流程重组（BPR）、流程变革、流程优化等新贵来说，流程梳理总给人一种很Low的感觉，没有前者的创造力和影响力大，也容易让人忽视和不屑。但通过作者多年的实践发现，流程梳理是一切流程管理工作的基础，犹如“九层之台，起于累土”，没有优质的流程梳理，流程重组/变革/优化也就失去了基础，产生的价值也会大打折扣。

很多人因为忽视流程梳理工作，因此，在开展流程梳理工作时采用的套路就是先由流程管理人员开展基础知识及方法的培训；然后安排各业务人员自行梳理。这种套路造成的后果就是各部门“自扫门前雪”，导致公司整体的流程缺乏连贯逻辑，各模块的流程颗粒度粗细不一，关键控制点只限于本部门识别，业务流程的描述五花八门等。

流程梳理是将现有的业务梳理清楚和明白的过程，明白自己有哪些流程资产，以及他们之间运行的逻辑是否合理。为了做好流程梳理，为后续流程重组/变革/优化打好基础，我们建议采用流程专家+业务专家捆绑式梳理的方式，并坚持以下原则：

1. 基于现状，尊重业务

在开展流程梳理之前，可以将目前现有的流程文件及标杆实践作为输入，然后深入一线，结合业务实际，在参照三者基础上梳理出符合现状且具有一定前瞻性的业务流程，并与流程Owner达成共识。

2. 统一语言，一学就会

统一流程梳理的语言犹如道路交通符号，能够让公司内部人员都基于一定的认知和基础，一看就懂，而不至于出现“鸡鸭不同语”的现象。同时，在流程描述时用小学生或初学者的视角和语言来解读流程梳理的质量，如果他们都能够学得会、照着做，这样的流程梳理结果才是可以传承的。

3. 统筹规划，逻辑清晰

对梳理的某领域流程事前进行统一规划和布局，始终保持大的端到端流程套小的端到端流程，流程之间的业务及逻辑是打通和连贯的，成网状结构，且没有断层和重叠，即麦肯锡中的MECE法则。

4. 杜绝完美主义和一步到位

流程梳理过程中总有人想再完善下，再斟酌下，迟迟不下发梳理完成的结果。华为的流程管理思想却告诉我们“先僵化，后优化，再固化”，相信自己目前梳理的流程是符合当前公司状态的，先僵化运行一段时间，后续再根据业务的调整和变化逐步优化，而不是一味地追求完美和一步到位，其实你梳理再好的流程，也会随着时间和业务的变化而刷新。

做好流程日常管理，起于流程梳理，需严肃和认真对待，且不可忽视。试想一下，一个连流程梳理都做不好的企业，他们的流程管理成熟度又能高到哪里去呢？在流程架构的基础上先梳理再优化，先有地基再有高层，把流程管理的基础搭建好会为未来流程的运营起到事半功倍的作用。

案例解读

做好流程交接中的最后一公里

曾经读过一篇关于古代囚犯交接的故事，大意如下：一方衙役押送囚犯去另外一个地方执行判决，当双方衙役开始交接囚犯时，送方衙役会将囚犯亲手交给接收方，并会说“接”，同时接收方衙役会将囚犯押到自己这边，并会说“收”，此时囚犯交接仪式正式完成。从流程角度审视，这个故事诠释了当跨流程工作出现交界面时的正确处理方式，也就是所谓的最后一公里工作如何完美衔接的问题。

讲这个故事的缘由是被一个流程事件中的最后一公里扯皮问题，触发了我的思考。事情的起因是关于样品生产出来后，由谁来发送给客户。本来是整个流程中的最后一个发送样品的普通环节，竟然因为这个点的“纠纷”，出现了“各路诸侯”一天之内轮番上阵，发送多达十几封邮件的口诛笔伐。不过最终结果还是不错的，流程管理部门拉通流程Owner及相关流程角色一起坐下来沟通评审，流程Owner也从流程的设计目的和价值出发诠释了流程存在的意义，从价值底层逻辑对职责进行了切分，最终各方都往前迈了一步，握手言和，达成共识。

一件很普通的流程职责切分问题，完全可以当面协商沟通处理，但因为情绪的失控，沟通方式问题，造成了流程角色之间的邮件大战，这也是我在培训时经常说的，公司最大的浪费不是精益中的七大浪费，而是管理上的浪费。

案例中的流程职责问题虽然经过各方的博弈暂时解决了，但有一点需要说明：在流程梳理评审过程中，对其中职责的界定不要过于抠字眼，如果对事情分类分层过度，就会无形增加管理的复杂度。

联想到10年前，随师父对流程中的管道维修职责进行仲裁，经各方博弈，最终的结论是：地面以上管道维修由A部门负责，地面以下管道维修由B部门维修。你可以细细品味一下。

3.2 接收流程需求时的思考

在企业从事流程管理工作的同事经常会接收到各个部门提报的流程梳理和优化的需求，不可为不杂。面对这些临时抛过来的流程需求，我们是选择全盘接收，满足内部客户的需求，还是三思而后行呢？本着对业务负责的态度，我们应该选择后者。

当我接收到各业务部门提报的流程新增需求时，我通常会对业务或自己采用“夺命三连问”的方式来判断需求的有效性。

一问：这个流程必须出吗？可以不出吗？现有文件是否可以支撑此业务？

这个问题的本质是要解决新文件与现有业务文件的冲突问题，避免一项业务因不同部门主导设计而导致业务的重复交叉或“打架”现象。首先，我们要问清楚，新增流程是因事设计还是真的是填补某业务空白，如果是因为一件事情而引发增加一个流程，我的观点是不支持，比如有了三轮车管理规定，那后面会不会还会有自行车管理规定，摩托车管理规定呢？但是，如果新增流程属于业务模块范畴，我们可以参照现有公司流程架构，找出对应业务位置，查看现有流程文件是否已经涵盖或包含了新需求业务内容。

这样做的原则：一是杜绝公司流程文件的混乱与泛滥；二是始终保持流程体系的精简状态，也便于员工查找方便。

一般应对的措施有两个：一是参照现有文件执行，但可以检查现有流程环节的不丰满之处对其进行完善补充，实现与时俱进之功效；二是对个别流程环节增加规则或操作说明，便于执行和检查时有据可依。

二问：这个流程的名字是否清晰，是否与流程内容相符？

经常接收到一些业务部门提报的流程名称大而全，如“××管理流程”，让我无从下手，这时我会反问业务“你们为什么要出这个流程，你们最初的目的是什么？”经过一番了解，我基本明白他们想下发流程的目的了。此时，我会建议他们采用“范围+类别/属性+业务+动词”的形式命名流程，让人一看名字就知道流程涵盖的内容，如同校园招聘计划编制与审批流程。

三问：这个流程的客户是谁？它的流程边界及输入/输出是什么？

拿到一个流程，当反问业务部门流程的客户及客户需求时却答不出来时，那么我们宁愿不出这个流程，因为对我的业务及经营绩效没有任何价值，那我何必浪费这个资源和时间做一些没有价值的事情呢？所以说，满足客户及价值需求是流程存在的意义所在。

因此，明确流程的边界有助于我们识别本业务流程与其上下游流程的逻辑关系，也是为了避免流程之间的交叉重叠。而本业务流程的输入正是上游流程的关键输出，作为触发本流程时间或事件的启动，更应该明确清晰，避免文件下发后，业务部门不知道具体事宜，而被沦为僵尸流程。流程的输出不仅是对业务流信息的知识承载，更是作为本流程与其他上下游流程切分的核心依据，也需要明确，甚至是要设计模板。

当你再接收到业务部门的流程需求时，通过以上“夺命三连问”的反问或自问，你是否可以识别有效需求，并给出业务满意的答复呢？你学会了吗？

3.3 了解你的流程资产

相信大部分企业都做过资产盘点吧，如原材料月度定期盘点，产成品每日入库状况，固定资产现有存量，行政物资账实准确率等。同样，流程作为企业重要的无形资产与数据源头，也是需要定期盘点的，及时了解自己企业的流程家底，确保价值实现过程的透明度，当企业经营过程中遇到问题时，通过流程资产就可以分析问题查找原因，做到“手上有粮，心里不慌”的稳定心态。那我们可以从哪些维度来分析自己企业流程资产的优劣呢？

1. 确保你的企业核心业务都有流程支撑，说明有没有的问题

既然流程是业务的本质体现和最佳业务实践的总结提炼，那么我们就需要将主价值业务用流程固化，一是提升了我们日常业务的运作效率和规范；二是当业务出现问题时可以以流程为抓手分析原因，找到病根和解决方案。尝试沿着主业务与流程进行比对，核查现有流程是否顺畅，有无断点、重叠或冲突，这个主业务与流程的匹配情况，可以用核心流程覆盖度指标来衡量。

2. 了解各领域业务流程的执行情况，说明用不用的问题

目前，我国大中型企业不缺流程，各级领导们经常是因事立法，反而造成流程在一定程度上的泛滥，当下最缺的是流程的执行。造成执行不力的原因我认为有三方面：一是违反流程的成本小于遵守流程的成本，缺少威慑力；二是缺少流程执行的防错机制，让不执行流程就无法运行到下游环节；三是领导们首先破坏了流程，朝令夕改，流程的权威性破坏殆尽。因此，我们需要盘点那些业务流程经常出现问题的节点，及时分析原因、对症下药，流程本身有问题就修订优化，执行流程的人屡教不改，采取先教育培训后撤换的方式，正所谓“不换脑袋就换人”。流程的执行情况，可以用关键控制点（KCP）执行率来衡量，在华为叫CT检查。

3. 统计企业业务流程的IT系统化率，说明好不好的问题

“业务流程化，流程IT化，IT数据化”，目前我国大部分企业正处于第

一个阶段，能做到第二阶段流程IT化的就略显超前。通过将流程IT化，不仅可以解决流程执行力差的问题，而且可以大大提升管理的效率。我们在统计流程IT化指标时，既要掌握全局的流程IT化，又要分析每支流程的IT化水平，及未来可能实现IT化的流程环节，确保企业的流程IT化水平呈现上升趋势。这样我们就实现了业务、流程、IT三者的同步与逐步进化。

4. 分析哪些流程产生的数据可作为管理决策，说明透明化、可视化的数字化辅助决策

理论上，如果我们把所有的流程都IT化了，那么在流程中的各种信息自然也就可以随时被调用，作为管理者决策的依据。这种全业务流程IT化的企业毕竟是少数，在资源有限的情况下，我们可以先从重点领域或关键KPI入手分析需要哪些数据支撑，这些数据分别来自哪些流程，流程中关键节点有无IT化，是否设置了数据埋点，通过这一连串的分析，找出现有资源的满足情况及未来实现路径，逐步实现业务流程的数字化，用数字使数据化决策成为可能。

只有掌握了现有企业的流程数据资产状况，才能知道与未来要实现目标的差距，为我们中长期的流程规划提供输入的依据，正所谓“知己知彼，百战不殆”。

3.4 为什么不按流程执行

解决各部门反馈的流程需求，并盘点企业现有的流程资产后，接下来

应该顺理成章地由业务部门按照流程执行才对，但实际上这只是万里长征的开始。每到年末，各企业各部门都会准备年终总结和明年规划，有一年流程管理部在制定明年年度规划时，应公司要求，需要设置一项流程执行符合度的KPI指标，作为明年的一项重点任务落实，并且需要公司流程管理部、流程Owner、事业部流程部门三方共背指标，有点类似“一荣俱荣，一损俱损”。因此，公司流程管理部以当年对涉及重大项目流程的检查执行结果90%为基准，将明年的公司全流程执行符合度设定为90%，即在当年流程检查范围的基础上进行了延伸。

按理说，流程执行符合度设为100%都不为过，毕竟流程制定出来就是需要全员遵照执行的，但从目前我国企业现状来看，那似乎是一种理想或目标，就如同库存管理中的“零库存”一样，大家追求的都是零库存，可现实情况没有一家企业真正做到了零库存。于是，在当年数据基础上，将指标设定为90%也是合情合理，但通过私下对各层级人员的访谈沟通发现，大家普遍对当年流程执行符合度90%持怀疑态度，可能是存在“水分”的。

为什么大家会对当年各部门反馈提报的流程执行符合度90%的数据产生怀疑呢？经过分析我们发现，原因有三：

第一，数据范围仅限于当年刚做过流程变革或优化的重大项目领域，流程都刚经过评审和宣贯，与关键领域流程Owner及执行人员达成了共识，且项目刚开始运行比较有新鲜感。

第二，计算考评规则以出现问题的流程节点数量/总流程节点数量计算，因流程节点较多，这样就使得分母的基数很大，出现问题的节点数量就显得微不足道，容易淹没在数据洪流中。

第三，公布的流程执行符合度结果都是各部门自行检查和提报的，为了避免被问责和“家丑不可外扬”的心理，大家提报的数据结果自然是高于考核结果的，所谓“皆大欢喜”，也就是说，即使我们设定的指标为100%，各部门也有方法让你实现这个不可能的“梦”。

大家之所以对数据及指标存在怀疑，实际上是流程检查设定规则和方法与人们真实的流程感受及体验产生了偏离，不是在一个视角维度看问题。可能平时的一个关键流程环节未执行到位，给管理者留下了流程执行不力的印象，但在流程检查时这个关键环节却只占整个流程环节很小的比例。暂且不管过去重点领域的流程执行符合度90%数据是否真实，但对整个公司全流程执行符合度设定为90%，在没有设置阶梯上升或各领域分类监控的情况下，统一各部门都设定为90%，目标达成的难度还是挺大的。为什么会出现这样的判断和结论？作者从多家企业实践及与业务人员的沟通中发现，流程不被执行主要存在以下四个方面原因。

第一，不愿意执行流程。流程Owner在制定流程时，经常为了求“高大上”直接拿标杆企业的流程套用，而脱离了企业自身发展阶段及业务实际，导致执行流程者的能力达不到标杆水平和能力，自然也就无法执行。

第二，各层级流程意识薄弱。最常见的情况就是，尽管在咨询顾问的帮助下搭建了公司的流程文件，随着业务的发展和变化，后续执行过程中，流程没有进行及时调整和完善，在流程检查时发现流程执行与文件不符，导致这个问题的原因就是缺乏基本的流程意识，总认为业务结果跟流程过程没有多大关系，自己的方法更灵活和便捷，没有站在整个公司流程效率、风险及传承的角度思考问题。

第三，不知道执行哪个流程。随着各种质量、环境安全、信息化和工业化相融合等体系及流程的并行发展，很多企业在组织设置及管理上也出现了“多衙门”现象，导致同一业务在不同体系文件与流程文件中出现不一致，使业务人员不知所从，这个时候就需要比较权威或仲裁部门来协调拉通相关方解决各文件相交集的问题。

第四，企业人员能力和流程自身问题。很多企业的流程执行人员学历及能力水平良莠不齐，员工来源也是五湖四海，因此，造成流程设计粗线条，缺乏相关表单模板及关键环节的操作指引支撑，综合各方面原因导致流程执行上出现较多的误读和打折扣现象，解决这个问题就要从基础的全员流程理念及文化宣传与流程梳理设计开始通盘考虑，为流程执行打下坚实的人员能力与文件质量基础。

在国内不按流程执行的企业占大多数，但真正做到流程执行符合度100%的估计也没有，不然也就不会存在流程管理这个全新的岗位了。流程执行符合度的提升在国内任重而道远，需要各层级员工多维度措施和机制的保障，我们的目标不是为了目标和指标而达成，是真真切切为了企业的长远发展而选择执行流程，因为只有执行流程，才能经验传承，才是企业成本最低的一种管理方式。

案例解读一

一次 IPD 业务研讨经历让我发现了“金矿”

在一次周末我参加了一次事业部的IPD议题研讨，受益匪浅。

原本以为，公司的IPD流程架构是在参照标杆公司理念基础上搭建而成，是各事业部达成顶层共识的一个结果，各事业部可在顶层架构统一性基础上进行分解设计底层的差异流程即可。但是，通过这次研讨的经历，让我对原有的IPD流程架构及流程执行有了不一样的看法和理解。

此次的IPD议题研讨由分管副总裁发起，主要是针对近期事业部研发过程中存在的问题展开的分组讨论，主要参与人员为各业务领域的主管和专家，将参加人员分组以头脑风暴的形式展开讨论。期初各组领回议题内部研讨，最后将三组意见汇合，集中PK观点和建议。整体讨论过程中要求大家忘记职位和领域差异，本着解决问题的态度积极发言，场面可谓异常“火爆”。整个研讨也确实暴露了流程和管理中的一些问题，如：

（1）做事不按流程执行。研讨过程中发现部分主管根本都不知道在什么阶段执行什么流程，基本都是靠经验和询问解决日常业务中出现的问题，处于不断的“扫雷”阶段。

（2）实际工作与岗位职责不匹配。比如，RDPM（研发项目经理）的岗位职责在IPD流程和规定中都有详细的描述，但实际工作与流程描述的岗位职责出现了偏差，该干的没做，不该做的帮“别人”做了不少。

（3）对关键术语的理解不统一。比如在IPD研发团队中对交付代表和运维代表，有的主管理解为是一个角色，而有的主管则认为目前执行的是完全两个角色，在项目内部对角色未形成统一认识和业务边界的清晰切分。

（4）运营维护（以下简称运维）阶段难以拉通前端资源。当研发项目逐渐进入后端运维阶段，如果再出现类似工程变更或客户反馈问题需要解决时，后端的运维代表没有能力拉通前端的研发工程师等角色加以解决，因为在项目研发转运维后，研发资源已经释放，原有的研发工程师已经投入到新项目中，没有时间和精力顾及原先已交接的项目。

（5）企业与客户的流程阶段未对接好。企业现有的流程架构是在参照行业标杆基础上，兼顾其他客户的研发过程而综合设计，与目前客户公司的流程阶段不匹配，导致客户与我们沟通时出现了“鸡同鸭讲”的现象，总感觉不在一个频道上。

以上暴露的问题，会议最终也列出了后续行动改进计划，明确了相关责任人进行逐一整治和梳理。

通过这次研讨会，让我深刻体会到，企业的业务现场处处有“金矿”，只要愿意深入一线了解业务细节，总能发现宝藏。但由于各级主管工作繁忙，对这些问题也司空见惯，没有时间摆到台面上深究，缺乏系统全面的诊断和治疗，导致出现问题“头痛医头，脚痛医脚”的恶性循环。

如果一个企业的各级主管也能采取类似方法，针对近期出现的业务问题一起坐下来头脑风暴，想必也能发现不少执行中的“金矿”。

案例解读二

一个流程从设计到执行的“艰难”历险记

有人说：做任何事情都不要妄想烧干整个大海。可我偏偏是那个不走寻常路的人，在流程管理的道路上，我一直认为可以用自己微弱的力量一点一点地改变周围的人，只要我觉得设计或优化这个流程对客户或企业有价值、有意义，哪怕只影响一个人，我都要去做。

例如，我在公司修订完成的《工程变更管理流程》。据说此流程之前也有两位业务专家花大力气拉通各部门来修订，但都无疾而终，且相继离开企业，让人感觉此流程就像一个施了魔咒的“怪胎”，谁碰谁离开。

接触过流程的人都知道，一个好的流程不仅需要有质量的设计，还需要流程相关角色的共识、知悉和严格执行，四者缺一不可。因此可以看出，要想使一个企业的流程管理成为行业标杆，也是需要经过无数流程的千锤百炼和多方磨合，不可能一蹴而就，都是需要用时间一点点累积起来的。

《工程变更管理流程》虽说在企业的文件管理系统一直存在且被使用，但通过调研和关键干系人的访谈发现仍存在一系列问题，总结为一句话就是“说的、做的和写的不一致”。这个有点像盲人摸象的故事，当你与流程中的角色沟通时，他们都觉得自己说得是事实，掌握着真理。但通过多轮的沟通和相关资料的佐证后发现，目前对整个《工程变更管理流程》最熟悉的人竟然是流程管理人员。

但流程管理人员再牛也不能代替业务人员做决策，代替业务人员行权履责，最终还得将事实还原真相，归位给流程Owner。为了加深大家对企业流程现状的认知，我们按照科特《变革之心》中的“目睹—感受—变革”的变革思路，借助管理干部培训的契机，对《工程变更管理流程》进行了现场的解析、研讨和模拟演练，让大家切身感受到自己身边日常接触的这些司空见惯的流程到底处于一个什么水平，使大家从思想和意识上认识企业目前这个流程的现状是迫在眉睫、亟须解决的问题。

通过学员切身的目睹和参与，让他们感受此流程的现状及问题，从而让他们在心理和行为上发生改变，决心要改变当下的现状。接下来，《工程变更管理流程》的流程Owner主动拉通流程相关角色组织了两次大型的流程问题检讨和评审会议，经过前期的渲染和铺垫，这两次的流程评审，各角色都积极献言献策，甚至有“局外人”也主动请缨要求加入研讨，现场研讨氛围异常活跃，评审质量也是相当不错。

有了流程各角色人员的自我变革，有了流程Owner的主动担责，流程的修订下发和系统匹配调整工作也就顺理成章地形成了。但如果你以为将流程下发仅作为我们流程管理人员的最终目的，那就大错特错了，我们最终目的还是要回归初心，即沉淀最佳实践和经验，承载业务管理思想，让大家按照流程执行并产生该有的价值。从这个视角出发，为了确保大家都知悉我们本次对流程修订的变化点，我们通过邮件和二维码考试的形式对此流程相关角色进行了大范围的宣传和测评。同时，针对此流程浓缩设计了一张简化版的流程图谱，把流程的主要逻辑顺序、重要知识点、关键控制要素及相关输入 / 输出等要素进行了突出标识和说明，将其制作成了一页流程海报，张贴悬挂在使用此流程频率较高的部门，让业务人员在实施工程变更业务时抬头就能看见相关的指导和注意事项。

回顾整个历程，流程Owner、流程角色及流程管理人员对《工程变更管理流程》从设计 / 修订到可执行落地可谓是“煞费苦心”。虽说在企业只是属于一个非常普通的业务流程，但通过对整个修订过程的透析却折射出流程管理工作在企业推行的艰难。

>>> 第 4 章　流程优化 <<<

4.1 流程为创造客户价值而生

我们日常的流程管理工作经常会以项目的形式开展，尤其是流程优化项目，而大部分流程优化项目的来源无非几种途径：客户抱怨、高层指令、业务痛点、对标差距、流程审计问题等。无论哪种流程优化项目，只要需求立项了，我们就得撸起袖子加油干，按照项目运作机制，同时结合敏捷与迭代，项目完成后举杯庆祝。但我们在开展项目之前是否想过我们为什么要做这个项目，项目关键干系人关注吗，项目给业务带来的变化是什么，有没有为企业产生价值呢？所谓价值就是让客户很满意，客户愿意付费购买的产品或服务。我们可以回顾或反思，我们以前做的项目是不是没有想清楚就做了，至于价值，等项目做完自然就有了。这样做项目产生的结果就是，项目做完了客户不满意，或后期维护变更不断，使客户不愿意再与我们合作，也不愿意为我们站台表扬。

那到底怎么做项目才会真正让客户更愿意买单、更愿意与我们合作呢？经过不断地总结和反思，我们认为，要提前挖掘价值、识别价值、讲清价值，在项目开始前就让客户知道自己的投入是有意义和回报的，这样他们才会更积极主动地配合我们工作，与我们一起创造价值，而不是在项目过程和后期产生抱怨。

通过进一步的总结发现，其实业务的关注点主要是在绩效上，所以我们开展的流程优化项目要尽量与业务绩效关联。其中，组织绩效一般是从战略直接分解下来的，侧重于结果指标的考核；为了更好地将组织绩效落地承接，我们需要在流程中设置流程绩效指标，加强对过程的管理，提升流程的运作效率和效果，用过程的确定性确保结果的正确性。基于此，我们需要在流程中挖掘、识别价值点，让客户认可我们流程管理部门的价值。下面给大家介绍两个识别流程问题和价值优化的工具。

1. 流程现状及问题识别工具（American Society of Mechanical Engineers，ASME）

它是一种系统性、结构化专业流程梳理工具。ASME 表左侧是业务流程活动的详细活动步骤，是按照角色执行活动分解的最小颗粒单元，便于充分识别每个角色每个活动的现状细节；ASME 表中间部分分为增值活动、不增值活动、可疑活动（包括检查、输送、耽搁、存贮），是对操作活动属性的归类判断；ASME 表的右侧是活动的操作时间和操作者，用于记录每个活动的操作人和实际操作时间。只有通过现场实地调研，才能最大限度地完善活动、时间及操作者，从而发现哪些活动是产生价值的，哪些是不增值和浪费的，初步确定未来的优化改进空间，表 4-1 为 ASME 现状梳理表。

表4-1 ASME现状梳理表

<table>
<tr><th rowspan="2">序号</th><th rowspan="2">活动</th><th rowspan="2">增值活动</th><th rowspan="2">不增值活动</th><th colspan="4">可疑活动</th><th rowspan="2">操作时间</th><th rowspan="2">操作者</th></tr>
<tr><th>检查</th><th>输送</th><th>耽搁</th><th>存贮</th></tr>
<tr><td>1</td><td></td><td></td><td></td><td></td><td></td><td></td><td></td><td></td><td></td></tr>
<tr><td>2</td><td></td><td></td><td></td><td></td><td></td><td></td><td></td><td></td><td></td></tr>
<tr><td>3</td><td></td><td></td><td></td><td></td><td></td><td></td><td></td><td></td><td></td></tr>
</table>

2. 流程优化工具

运用ASME表描述业务流程的现状和痛点后，再使用ESEIA表识别可能地优化改进点。ESEIA（Eliminate清除、Simplify简化、Establish新增、Integrate整合、Automate自动化）也是行业中用于流程优化的常用工具方法，其表格整体分为上中下三部分。ESEIA表上部分是对流程的本质思考，要求优化实施者在梳理之前首先识别出流程的客户、流程边界及标杆实践做法，避免一下子陷入流程细节；ESEIA表中间部分的左侧还是ASME表中的业务活动及属性，右侧则按照清除、简化、新增、整合、自动化分为五列，从而识别每个业务活动可能用到的优化思路和方法，并在相应的列项中填上对应的优化策略；ESEIA表下部分是优化方案可能涉及的其他配套措施，如组织及职责调整、绩效指标调整、培训赋能、IT及其他措施等。通过运用ESEIA的优化完善，为后面流程优化整体解决方案提供输入，见表4-2。

表 4-2 流程现状梳理及优化表

<table>
<tr><th colspan="3">ASME现状梳理表</th><th colspan="5">ESEIA优化措施</th></tr>
<tr><td>流程名称</td><td>测量者</td><td>测量时间</td><td>流程客户</td><td>流程起点</td><td>流程终点</td><td colspan="2">标杆做法</td></tr>
<tr><td>活动</td><td>操作/不增值</td><td>操作时间</td><td>清除</td><td>简化</td><td>新增</td><td>整合</td><td>自动化</td></tr>
<tr><td></td><td></td><td></td><td></td><td></td><td></td><td></td><td></td></tr>
<tr><td></td><td></td><td></td><td></td><td></td><td></td><td></td><td></td></tr>
<tr><td></td><td></td><td></td><td></td><td></td><td></td><td></td><td></td></tr>
<tr><td></td><td></td><td></td><td></td><td></td><td></td><td></td><td></td></tr>
<tr><td colspan="2" rowspan="2">时间合计</td><td rowspan="2"></td><td rowspan="4">配套方案设计</td><td>组织及职责</td><td colspan="3"></td></tr>
<tr><td>培训</td><td colspan="3"></td></tr>
<tr><td colspan="2" rowspan="2">增值活动占比</td><td rowspan="2"></td><td>绩效</td><td colspan="3"></td></tr>
<tr><td>IT或其他</td><td colspan="3"></td></tr>
</table>

运用ASME表可以将流程现状及痛点识别出来，再结合ESEIA方法将可能地优化价值点分析出来，并将业务流程的To-be改善点与业务关心的绩效指标关联起来，达到组织绩效与流程绩效之间的前后贯通，很容易识别未来项目可能的改善价值。这样客户与我们沟通时会更了解我们能做什么，未来可能怎么做，自然更愿意投入与合作，项目价值自然也就会凸显出来。

4.2 那些流程优化套路

如本书第一章开篇提到的那位流程负责人对流程管理的价值困惑一样，很多企业流程管理人员的日常工作，就是根据实际业务情况对流程文件进行简单的调整换版，保持说的、做的和写的一致，处于一种安稳的日常运维状态，让企业看不到流程管理的价值。而真正能够让流程管理产生价值且让业务体验感知到的还是主动作为的流程变革/优化，对于长期困扰业务或影响经营指标的业务问题都会采用成立专项的形式予以集中火力攻关。目前各企业做法各不相同，但只要能把问题解决，能为企业带来价值就是OK的。虽然没有所谓的标准答案，但在此也介绍一种实践过的方法供大家参考，整个优化项目步骤分为成立专项、分解专题、场景化流程、假设演练、真实试跑、下发执行六个环节。

1. 成立专项

当某个问题或痛点出现或一直成为老板的困惑时，我们需要Owner寻找那些对问题反感、彻底想改变现状、又最了解业务，且来自各领域的专家及骨干人员组成一个大专项团队，充分运用他们的热情及对业务的熟知来解决问题。

成立专项后就需要针对目前的现状运用头脑风暴或六顶思考帽的方式进行充分研讨与脑力激荡，试图挖掘出造成现状的所有可能的原因，或提出一种新的模式或方案能解决困难，可以运用脑图的形式，把造成目前这些问题的所有痛点及原因依据金字塔原理结构化地呈现出来。

当然单纯只是呈现还是不够的，这个阶段我们一定要明确我们需要改善达到的目标及对应的评价指标，只有目标清晰了才有优化的方向，只有落实到评价指标上才能评估后续优化的价值。

2. 分解专题

通过专项的层层研讨与分解，所有问题及原因都已经显现出来，如果专项涉及范围太大，跨越多个领域，那么此时就需要对专项按问题领域，如人、机、料、法、环等维度适当拆解为更小的专题维度，这样便于让不同业务人员聚焦自己擅长的领域深入研讨，同时需要用大逻辑图表明他们之间内在的逻辑关联性。

通过专家及骨干在自身领域的深入研讨，及对标杆管理和技术前沿的掌握，此时也基本都能提出应对问题的整体解决方案，首先在专题内部成员之间达成一致，然后再上升至专项维度进行整体适配。如果不可行就继续调整直至适配，如果可行则还需要同时针对专项的目标及指标再拆解至各专题，使他们自上而下具备承接关系。专项与各专题的目标可以只有一个，但KPI指标至少需要1~3个从效率、质量、成本、风险等不同维度进行承接和分解。

3. 场景化流程

当问题和指标在专项和专题层面完成深入讨论和分解后，就需要业务流程进行承接落地。因每个企业业务模式不同，且每种模式又有不同的处理方式，试图设计一个大而全的流程来概括所有的业务就有点儿蟒蛇吞象。因此，我们建议在设计流程前需要对业务按不同场景进行研讨，比如产品交付在日本客户和欧美客户之间的差异，组装和铸煅的生产工艺差异，招聘作业员和管理技术人员差异等，这些会根据经验和实践的不同而拆分为不同的应用场景。

为便于管理，我们一般选取2~3个场景进行分类组合，以招聘为例，按招聘渠道分为校园招聘（以下简称校招）和社会招聘（以下简称社招），按员工类型分作业员和管理技术人员，那么我们的招聘流程就是两两组合后的四种场景：校招作业员流程、校招管理技术员流程、社招作业员流程、社招管理技术员流程。

因每个流程都有自己的结果与过程性指标，因此需要把所有的业务场景及流程都识别设计完整，然后返回专题维度进行指标的对接，检验我们的流程及指标能否一脉相承及解决之前的痛点和问题。

4. 假设演练

当流程按不同场景设计并经过Owner评审通过后，需要召集相关流程角色进行“纸上谈兵”式的模拟演练，以验证流程设计的有效性。模拟演练前需要准备相关的电脑、白板、本、笔、系统模拟环境等，开始前先给大家讲解业务流程、演练规则及相关道具的使用说明等，流程角色都了解规则后就可以按照流程步骤执行流程活动。过程中可配备观察员及时记录各角色反馈的问题，记录每个角色上一个活动传递的交付物及交接过程中不明确的细节，记录某活动角色对将要传递给下游交付物的要求，并将这些建议及观察记录作为流程Owner文件修订的输入，反复演练，直至流程各角色对自己的操作活动及输出物都明确为止。

5. 真实试跑

试跑与演练最大的不同就是真实性，需要借助真实的项目进行小试牛刀。通过前面演练总结的问题和修订的流程，再在真实项目环境中模拟运行一遍。虽然是试跑，但不是假的，而是运用正在运行的项目中现有的人力，基于现有的工作，让他们使用新的流程改变以往每天的工作习惯，从而观察验证流程能够顺利地跑下去。毕竟真实试跑和演练还是有很大不同，环境、人员、系统、模板、习惯、人性等都需要考量，同样需要观察员把试跑过程中出现的所有问题都记录下来，作为进一步修订流程的依据和参考，从而使得流程更加适应真实环境和场景，也更容易让流程使用者接受。

6. 下发执行

经过演练和试跑，流程问题基本“踩雷”完成，在对流程修订完成后再次全员培训宣贯至大家，形成一份流程测试报告汇报至流程 Owner 做最后的评审，此时才是将完整的一份流程修订完成，然后可以上传系统进行相关岗位的执行。既然成立项目时，我们就设定了目标和评价指标，那么后续我们就需要做两个工作：一是流程的日常检查，看大家是否按照流程执行，查的是流程遵从度；二是比对目标和指标，看流程执行完成后是否能够对业务指标有影响，能否提高绩效水平，对不尽如人意的指标数据，我们一定要审视是流程设计问题还是执行问题，还是指标目标值问题，然后进入下一轮的优化阶段。

由业务问题或痛点成立专项，对专项分解为小专题，然后对专题再进行场景化流程设计，紧接着是纸上谈兵的流程演练和真实项目的小试牛刀试跑，到最后流程下发执行，六个环节环环相扣，一脉相承，错过任何一个环节都容易出现断层和验证不充分的隐患。这套做法经过企业验证行之有效，而且即使是放在变革项目中也是可行的，对业务的绩效指标有很大提升。

为确保流程变革/优化工作的顺利进行，我们在参照上述六个环节开展流程变革/优化项目时，仍有三点需要说明：

第一，专项和专题两层并非必然，可以合并。我们分解专项和专题的颗粒度是以业务当前的现状和痛点为基础，如果分析评估后发现的痛点涉及多个领域，较为复杂，为确保痛点的归类和清晰度，可以将其分解至专题维度，但是如果痛点只是集中在一两个业务领域，则可以直接设置专项层。

第二，场景化的识别越全面，后续流程执行及内控审计就越精准。如果你做过流程检查就会发现，前期的业务场景若没有全面识别，那么流程的执行往往就会出现偏差，而这偏差恰恰是因为前期场景设计问题造成的，而非单纯的流程执行不到位。

第三，针对广泛评审待下发的流程文件，可在文件最后署名相关人员。署名的目的有两个：一是为了增强参与人员的荣誉感，使参与研讨和评审的人员对自己负责的文件负有使命感和责任的持续维护；二是为了杜绝后期的推诿、扯皮，防止流程查出问题时不认账，为不想执行流程找借口。

本节介绍的这个流程变革/优化套路，也仅限于部分企业根据自身特点摸索出的一套标准打法，在当今这个瞬息万变的乌卡时代，套路也远不止于此，每家企业都需要根据自身企业的发展阶段、商业模式、运营规则、市场布局等进行策划和推演，最终找到适合自己的流程变革/优化套路，这才是王道。

4.3 一个打组合拳的流程优化案例

在企业研发过程中，为了研究竞争对手的产品，客户经常要求研发部门采购部分竞争对手或友商的产品来分析研究，从而确定客户自身的研发和竞争策略。

研发部门向流程管理部门反馈公司的竞品采购流程效率较低，而客户的需求比较急，容易延误竞品分析的最佳时机，造成客户不满意，违背公司“以客户为中心”的导向。

流程管理部门接到需求后，迅速成立专项小组开展相关调研，并初步了解整个竞品采购流程从需求申请到实物接收的端到端过程分为如下五个阶段（见图4–1）。

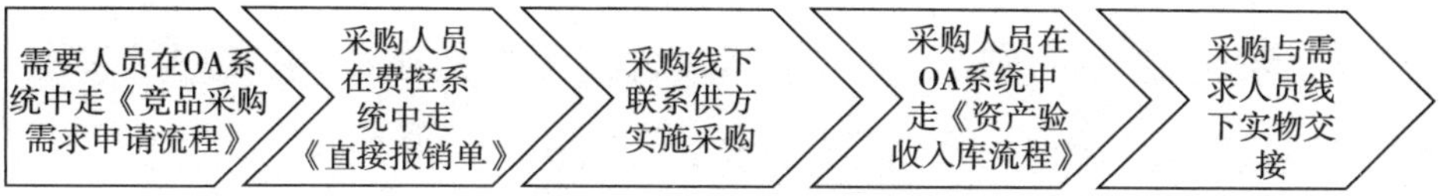

图 4-1　竞品采购流程

通过调研发现，研发部门希望在签批完需求申请后3个工作日内拿到货，尽快完成对竞品的分析。因此，我们将竞品采购流程的效率提升50%以上作为端到端流程的改善目标，用目标牵引流程优化改善。

1. 流程现状、核心问题及原因分析

我们将系统中的所有签批节点进行了数据抽取，同时，为了精确测算每个阶段每个流程节点的时间，我们把OA系统和成本费用控制（以下简称费控）系统中每个节点的操作时间和操作角色进行了最小颗粒度的切分，并且利用ASME方法进行了现状诊断及识别，其中：

第一阶段：OA系统《竞品采购需求申请流程》共7个签批节点，总签批时间110.9小时，平均每个节点签批15.8小时。

第二阶段：费控系统《直接报销单》共7个签批节点，总签批时间

293.5小时，平均每个节点签批41.9小时。

第三阶段：线下实施采购，在需求申请环节已确定采购方式及供方，因此这里从供方发货到接收大约需要3~5天。

第四阶段：OA系统的《资产验收入库流程》共3个签批节点，总签批时间50.5小时，平均每个节点签批16.8小时。

第五阶段：采购与需求人员因跨园区等原因，调研数据显示大约需要1天左右时间完成实物交接。

通过问题收集及现状调研，发现目前存在的主要问题及原因如下：

（1）系统签批时效较长。目前研发部门无论是在OA系统还是费控系统中的签批时效与内部标杆部门都有较大差距。

（2）采购人员兼职，各阶段转换经常有耽搁。此案例中研发竞品的采购由某研发岗位人员兼职，非专业采购人员，且日常研发工作繁忙，当各阶段之间转换时，经常出现耽搁现象。

（3）财务政策原因。公司规定财务只有在每周二固定付款，导致出纳在系统中的签批时间固定且较慢，平均签批时效为7天；同时，财务要求500元及以下研发物品，采购可垫付购买并报销，但对于500元以上物资必须采取公对公模式，不允许垫付报销。

（4）流程未分类分层。目前竞品的采购流程与常规不紧急研发物资采购流程一样，没有考虑竞品物资的时间特殊性而设置“120通道”流程，导致不能及时满足客户需求。

2. 优化思路与方案

我们采用了七问分析法（5W2H）和ESEIA的方法对流程进行了优化

改善，整体优化思路为：坚持客户导向原则，对研发的采购流程分类分层，一般研发物资采购维持现状，紧急竞品采购按照先申请购买后报销的模式，具体如下：

财务事先给采购人员3万元流动资金作为内部研发采购周转，当通过OA系统完成《竞品采购需求申请流程》需求签批，采购利用这个周转金实施紧急采购，采购到货后，验收入库与通知需求人领取并行开展，先解决客户紧急需求，最后再后补费控系统的《直接报销单》挂靠费用即可，见图4-2。

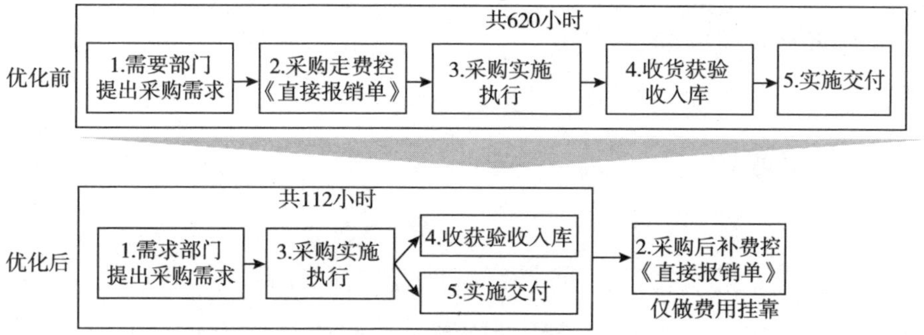

图 4-2　流程优化前后效果对比

优化方案的落地不仅需要流程上做相应的调整变化，而且需要在组织、职责、管理机制等管理要素上同步优化，具体如下：

（1）流程各阶段之间的顺序调整。首先急客户之所急，优先保证研发部门拿到竞品分析，因此，将原先流程的瓶颈环节——费控系统的《直接报销单》放置在最后，仅作为后续研发费用报销的依据。

（2）流程部分环节串行改并行。不仅对OA系统流程的部分节点进行了并行和知悉处理，而且对原系统收货验收与实施通知交付同时开展，节约等待时间。

（3）建立流程月度签批绩效通报机制。由流程部门每月对系统中各角色的签批流程时效进行统计、分析和晾晒，并将结果纳入各级签批人员的个人绩效中。

（4）设置专职采购人员。专业的人做专业的事，摒弃研发人员兼职采购的不专业现象，单独在研发领域设置专业采购编制人员，按照公司统一的采购策略和模式实施专业采购，压缩耽搁时间。

（5）设置采购应急储备金。为及时响应客户需求，由财务向采购拨款3万元作为应急储备，用于采购的日常紧急采购周转金。

（6）快递统一改顺丰。针对紧急竞品采购，建议供方走顺丰次日到达，节省研发时间成本。

3. 优化效果

（1）提高了流程效率。通过流程各阶段的顺序调整、节点优化及各种管理手段的并用，将竞品采购的端到端流程时间从原先的620小时缩减到112小时，效率提升82%。

（2）极大地提升了客户满意度。竞品的及时采购到位，加快了研发和客户分析的速度，为客户迅速响应市场变化赢得了先机，增强了客户的满意度。

4.4 从内控检查引出的流程优化案例

任何一个流程优化项目的发起都不是空穴来风，有的来源于高层指示；有的来源于外部竞争压力；有的来源于业务问题反馈；有的来源于体系外审等，无论来源于哪里，其根本目的都是为了解决业务问题，帮助业务降本增效，实现经营绩效的改善。本篇介绍的这个流程优化案例来源于公司内控检查中发现的问题，是由业务问题引起的，案例中业务违背了财务账实一致性的内控目标。

制造行业的生产现场，每天都会按照产品结构BOM和排产计划投入不同的原材料，然后根据生产工艺制造合格的产成品，在这个过程中物料的报废及补料动作也是最普通不过的逆向业务流程之一。这看似简单的业务操作问题却层出不穷，也考验着企业内控风险的防御能力。

针对生产过程中的工单退补料这块微观业务，内控检查从流程及数据的角度进行了深入的挖掘，发现以下主要问题。

1. 退/补料单据填写混乱

物料退料的工单号、日期、产线、料号、损耗率等基本信息填写随意，多数单子信息填写不完整，导致后续数据匹配和追溯性较差。

2. 退料与补料数量/料号不匹配

有的退料单上的物料BOM号与补料单上的不是同一物料，经验证也不是替代料关系，而且存在数量和料号涂改、补料与退料数量不一致等现象，容易造成账实不符。

3. 退/补料单审核签批不统一

根据对三个事业部物料退货单的抽样检查，发现三个事业部的签批层级和岗位都不一样，存在授权不明确现象。

为杜绝这些问题或风险的再次发生，单靠日常的人员培训和流程检查已经无法彻底规避，需要运用一些防错机制和信息数字化手段，减少人为因素的干扰，使操作工单退补料相关业务的人员必须执行流程。

为了达到良好的效果和目的，业务、流程和IT组成了联合优化小组，对《工单退补料流程》业务进行深入调研、访谈、策略规划及场景识别等，最终形成了一套整体解决方案。

（1）识别业务场景。通过业务调研访谈分析，将生产工单中的物料损耗场景主要分为工单退料、工单补料、工单余料退料三种常见业务场景。

（2）区分签批规则。根据三种场景明确了质量、工艺、生产不同业务的签批角色、职责及审核规则，并与业务达成共识。

（3）系统及硬件配置。梳理了场景、角色及流程授权规则后，就需要将这些固化到系统中执行，减少人为干扰，同时为增强体验感，让业务人员可以现场用电脑、PAD或手机形式完成这一系列退补料操作。

（4）完善信息化设计细节。既然要彻底规避内控中发现的问题，就需要对系统中的功能和字段进行逻辑设计，如物料类型选择、物料编号、物料名称、物料数量、所属线体、ERP/MES工单号、批次、超损性质、操作人等，增强了单据的可追溯性和数据全面性。

通过业务人员的经验输入、流程人员的客户思维、IT人员对标杆实践及技术的可行性分析，最终实现的这个解决方案解决了长期困扰业务的单据填写不规范、账实不符、签核授权不规则等问题，为业务的风险立起了第一道防线。

同时，内控的数据思维切入业务检查，能够发现流程检查之外更多的业务细节问题，帮助业务人员更好地规避风险。所以说，流程和内控是业务不同视角下的扫描仪，通过数字化手段共同为业务的改善和风险做出贡献。

4.5 系统签批流程提效小妙招

我们通常所说的流程优化既包括前面提到的业务流程优化，也涵盖系统中的流程优化。系统中的流程是固化在IT中的业务，也是为了提高业务执行力和运行效率，防止人为干扰而将管理经验及思想沉淀固化在系统中，并且随着数字化转型趋势的加速，后续系统上运行的流程会越来越多。而线下业务流程运作效率的提升需要各种管理要素综合治理，因不同的业务场景差异较大，前面也有案例说明。本篇主要以某事业部为承接公司平台签批效率指标提升，而采取的一些比较实用的系统流程优化提升小妙招，可以供大家参考借鉴。

1. 指标分解，落实到人

在平台流程部门年初统一制定整体系统流程签批目标基础上，各事业部承接公司指标，按业务领域层层分解至各部门主管，让各级主管不只担任流程责任人的角色头衔，更让他们实实在在地承担相应流程绩效指标，让其在为业务流程创造价值的过程中切身感受到自己的责权利。

2. 绩效挂钩，月度考评

仅仅将系统流程签批效率指标分解落实到各级主管身上，似乎不痛不痒，但如果将这个指标与部门的KPI及主管们的个人PBC建立关联，那是否就不一样了呢？答案是肯定的。人都是趋利避害的，这是人的本性，所有的行为都会朝着我们所期望的目标迈进。通过将我们需要完成的流程指标与每个人的利益建立联系，然后根据达成结果对其进行月度考评，并将结果提报至绩效管理部门，作为月度考评依据之一。

3. 过程分析，排名晾晒

流程管理部门不是问题结果的“搬运工”，而是业务问题的“治疗师”，通过运用一系列方法和措施，努力将问题消灭，甚至防患于未然。因此，在提升系统签批效率时，我们不仅只在月底公布结果排名，更是在每月中旬从系统中拉出未签批的流程，按照部门维度、个人维度、系统维度、流程维度、时间维度等进行晾晒。

同时，针对尚未签批流程在仍有改进机会的前提下，进行系统全面分析，并将发现的问题发送至各级部门主管与“拖后腿”的个人（而不是感觉与己无关的全员形式），让大家为了不丢“面子”而去主动改善。

4. 周末提醒，移动APP下载

为了事业部系统签批效率的指标能够达成，作者每到周末或放假前夕，都会在主管微信群及流程BP群中提醒大家及时签批系统流程，防止“呆滞流程”时间过长，影响事业部的整体签批效率和个人绩效指标。

对于有事请假或出差的主管，作者在微信群中也共享了手机客户端APP二维码，要求各级主管下载安装进行签批。事后，对事业部所有主管系统后台排查APP安装情况，并逐一邮件通知，最终确保了主管手机客户端APP安装率为100%。

5. 总结经验，形成机制

针对系统签批中的疑难问题及事业部人员异动频繁现象，流程管理部门根据问题类别制定了系统签批流程处理机制，确保大家能将尚未签批的流程及时处理，见图4-3。

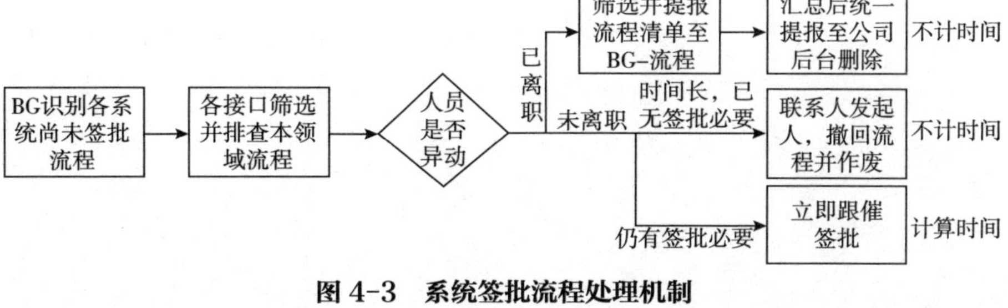

图 4-3　系统签批流程处理机制

6. 自编顺口溜，朗朗上口，加深印象

为了让大家谨记系统流程签批，作者编辑了一段系统提效的顺口溜发送于主管群里，便于大家记忆和时刻想起：

系统签批提效顺口溜

系统签批勤关注，早晚下班看一看，

线下沟通再线上，及时跟催好习惯，

人员异动审系统，如有流程先办理，

若是开会或出差，手机APP来帮忙。

通过实施这一系列对系统签批流程的连环妙招，事业部的整体系统流程签批效率逐月提升，年初设定的20%目标，在实施妙招三个月后提升已超过40%+，效果非常显著。当然，也不能为了提升系统流程签批效率，不顾业务审核的严肃性而盲目签批，否则这就有点本末倒置了。

作者有个日事日毕的习惯，当天下班前一定会将自己电脑中的系统流程及邮件签批回复完成才下班，其实也耽误不了多少时间，关键还是一个习惯的问题，类似5S管理中“素养”。让系统签批流程作为每位员工日常工作的必要习惯，整体的管理效率自然也就提升了。

第三篇　流程变革与数字化转型

企业实施流程管理进入深水区，就会逐渐开始对原有的商业逻辑与运营模式提出挑战，有的试图通过流程变革项目的方式寻求破局，历史上但凡成功的大型变革项目几乎都是自上而下推进的，如秦朝的商鞅变法。同时，数字化转型作为当下比较符合时代特点的变革类型之一，由于其自身天然的变革思维、时代技术、颠覆式模式创新等，也得到了各国政府及企业的广泛认同，如美团的外卖模式颠覆了传统餐馆的选址和经营思路。

第5章　业务流程变革

5.1 变革不是你想变就能变的

当下我国企业对变革宠爱有加，感觉只要公司内部开展大型项目或活动都会涉及变革，使变革俨然成为每个企业趋之若鹜的方向，如果没有经历过几个变革项目，跟人聊天都不好意思开口。不知何时，变革竟成为一种“身份”的象征，而对于变革的目的是达成战略目标落地的途径被忘得一干二净。大家谈起变革似乎感觉总是那么容易，貌似人人都懂，人人都可干。可是你真的了解什么是变革吗？你知道变革的难度系数吗？据国外某著名咨询公司对上千个变革项目的调查统计显示，在已经实施变革的企业中，70%以上的企业都没有达到预期效果，甚至有的是负效益，让人感到惋惜。

变革的初衷是为了达成预定的战略目标，扭转当前的不利局势，使企业转危为安或进入快速发展的轨道。如果决定实施变革，就要做好充分的心理准备，因为它会使企业的组织、流程、IT及绩效等方方面面的管理要素发生重大的调整或变化，也会碰触到某些人的既得利益，如果没有事先的思想准备及心理承受力，变革中途很容易遭遇“滑铁卢”，见下图。

说变革难，主要是涉及的管理要素多且关系复杂，容易破坏企业现有要素之间的平衡，为了加深大家对变革的认识，我们来分析下变革模型中涉及的各管理要素之间的关系。

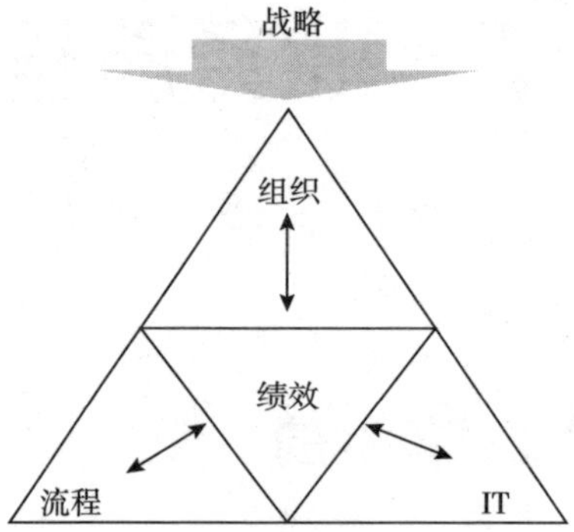

变革模型

1. 变革模型主要涉及四个管理要素：组织、流程、IT和KPI绩效

其中，组织主要涉及变革中的人的意识和行为的改变，流程涉及做事方式的改变，IT是涉及做事的工具和方法，KPI绩效则是检验变革过程与结果的“晴雨表”。

2. 变革模型四要素之间互相作用，共同对变革产生影响

（1）组织与流程之间。他们两个谁决定谁的论题由来已久，我们在这里暂且不讨论这个“鸡生蛋，还是蛋孵鸡”的话题，但我们需要澄清他们在变革中的关联关系。当公司新成立时首先需要有人，而每个人都有自己的责权利，知道自己所处的位置，应该干什么，归谁负责，职责

定位等，这是组织的概念；同时，组织中的每个人做事都有一定的逻辑先后顺序，通过业务人员不断的探索和沉淀，最终又形成公司的业务流程。因此，流程是靠组织中的人或角色进行承接落地，组织做事的最佳方式最后又会沉淀为公司的组织资产——流程，两者相辅相成，共生共存。

（2）组织与IT之间。组织效率的提升、成本的降低需要IT的介入和协助，IT在此作为“催化剂”存在，而IT的开发、实施及数据维护也离不开人，没有人的参与，IT就是一堆冰冷的机器。

（3）流程与IT之间。流程是IT实施的先锋，没有业务梳理的流程，IT如同“行尸走肉”，缺少了灵魂，而IT又是确保流程能够执行到位和提效的保障，IT将业务流程的最佳实践固化，使组织中的人不得不执行既定的规则，让规则“有法可依”。所以说，他们两个就像“老伴”，谁也离不开谁。

（4）KPI绩效与组织、流程与IT之间。组织、流程与IT为了检验自身运行的好坏，会设置组织绩效、流程绩效、岗位绩效及系统运行绩效等，绩效如同他们的“铜镜”，照自身，查不足。同时，绩效的存在也督促着各管理要素的自我改进，用一套完善的监督机制发挥着“策马扬鞭”的效果。

3. 变革的成功还需要各管理要素的自身精进

在组织发展到一定阶段需要变革时，人的意识及能力必须跟上，否则只能被变革“拖着走”；流程的设计也不是一成不变的，需要进行持续改进和优化，只有具备了日常自我革新的基因，才不会害怕突如其来的“革命”；IT系统的搭建及实施只是一个开始，IT更多的压力是确保组织及流程的稳定、安全及有效地运行，更需要不断的升级适应变革的需要。

因此，变革不易，不能随随便便变，也不是什么改善或优化都叫变革，它需要具备一定的条件和基础，是对组织、流程、IT及绩效体系等牵一发而动全身的“大手术”。最后奉劝那些一心想变革的伙计们，“变革有风险，踏足需谨慎”！

5.2 从纵向实施步骤维度看流程变革八步法

既然变革有风险，而不变革就是在等死，那业界谈到变革是否有什么套路？答案是肯定的。一谈到变革，不得不让人想到科特的《变革之心》，这本书可谓是变革人士必读经典之书。此书为那些深陷各企业变革项目头疼的人员提供了一份标准的“变革宝典”，指引着大家如何正确地开展变革项目。书中归纳的变革实施八步法，通过帮助人们看到问题，情感受到冲击，致使人们的行为发生改变，每一步都采用“目睹—感受—变革”的套路改变着每个人的情感和行为。

接下来，作者将通过一家成功引入变革方法而实施的库存变革案例形式，帮助大家解读科特的变革八步法。

第一步：增强紧迫感

为了让企业全体员工不要满足于以往的功劳和自我感觉良好的状态，使大家清晰地认识到目前公司因库存积压而占用的现金流损失，我们邀请了国内制造业库存变革专家为企业中高层做了一次“敲脑袋”式的赋能，通过与标杆企业运营领域的核心指标ITO（库存周转率）、E&O（呆滞库存）和OTD（及时交货率）对比分析找出我们的差距，以及目前各项目库存积压导致的金额占用和浪费，让管理层看到那些触目惊心的浪费数据，并下决心实施库存变革，彻底整治我们的运营效率低下和库存浪费现象。

事实证明，这是一次成功地让管理层目睹及感受到同行的差距，并决心实施变革项目的培训赋能案例，增强了全体员工的紧迫感。

第二步：建立指导团队

在库存变革项目实施开始，企业也成立了由高级副总裁及各领域专家组成的项目变革指导委员会，并签订了项目变革承诺书，承诺在实施变革项目期间勇于创新，敢于突破，以身作则，不做变革的阻挠者，使员工相互信任，互相支持，向共同的目标而努力。这次流程变革启动及签约仪式在“攻击”人心方面充斥着满满的仪式感，也让参与者从内心认识到变革的必要性。

第三步：确立变革愿景

有了变革意识并成立变革团队后，我们就要为这个库存变革项目明确我们的愿景，经过高层多次研讨和反复评审，最终我们确定了此次变革项目愿景如下：全面降低各项目的呆滞库存，提升客户的及时交付率和库存周转率，从而提高企业的现金周转速度，达到行业标杆水平。

第四步：有效沟通愿景

确定了变革项目愿景，就需要想尽各种办法并通过媒介，让关联干系的人了解我们的愿景，告诉他们为了完成愿景，我们需要展现出的精神状态，需要采取的行动，需要改变的组织、流程、系统、指标等现状。沟通要提前做好准备，真诚而简单。对于中立者我们要解决他们的疑惑和问题，争取他们成为我们的支持者；对于反对者，我们要以事实为依据，愿景为梦想，消除他们的顾虑，进行定期的沟通和成果展现，让他们看到变革给企业带来的价值，而非限制或阻碍。

第五步：授权行动

通过与干系人沟通变革愿景，之后就是实施变革项目，实施过程中难免还会遇到一些阻力，我们需要制订扫清障碍的举措，比如约老板或高层为项目助力，调整现有模式、组织或人员，改变ERP中桎梏的流程和系统等。变革项目实施过程中可参照华为学习IBM的精神，严格遵从老师及行业的经验，若以“我们不一样”为借口阻碍变革的推进，则调岗或离岗。

第六步：创造短期成效

在变革项目实施过程中不可贪多求快，建议按照先试点后推广的策略，力争找到速赢项目实现短平快。我们先在BG的一个成熟项目上进行库存变革试点，通过对组织、流程、IT等采取一系列措施后迅速实现收益和效果，使指标数据明显改善，让所有人都感受到变革带来的变化，心里有了期盼，感觉自己的付出很值得，这样也就会得到更多人的支持与赞助。

第七步：不要放松

试点项目的成果让大家感受到了变革的价值，同时大家也要警惕在这个阶段不能盲目自大，而是要借助这个项目的成功将范围扩大到更多的项目，从而为公司产生整体的最大收益。同时，要跟大家明确，每个项目都有自己的特点和难点，这个项目也许不是所有项目中最难的，所以要大家鼓足勇气抢占更多的制高点，设置更有挑战性的变革目标。

第八步：巩固变革成果

无论试点还是推广，此次库存流程变革项目是公司历来最成功的一次，它影响着企业未来5~10年的发展。为了巩固好此次变革的成果，我们对全公司运营组织系统进行了大范围调整，岗位职责进行了标准化和梳理，固化了业务流程，并实施了轮番式培训及系统数据清理优化，对运营指标体系进行了分层分类，从而实现自上而下层层分解与自下而上的递进支撑。

这次变革实施项目固化运行两年后效果非常明显，呆滞库存明显下降，E&O（呆滞库存率）和ITO(库存周转率)指标也达到了行业标杆级水平，大大提升了企业的现金周转速度，得到了全企业员工的一致认可。同时，变革部门也将此次变革八步法沉淀固化下来，作为后续变革实施的标准套路，打造了企业以变革能力领先的核心竞争力，为企业全员变革营造了浓郁的文化氛围。

5.3 从横向管理要素维度看流程变革实践

任何一个敢于开展流程变革的企业都是值得称赞的。为什么会这么说？因为所有流程变革实践所牵扯的企业资源和投入都是非常庞大的，涉及的管理要素都是需要配合联动的，没有强大的勇气和魄力很难下决心进行变革。

关于变革实施路径，除了上文提到的按照纵向维度实施八步法外，还需要从横向维度考虑公司内部的多种管理要素。当前仍有许多企业开展流程变革主要是由流程部门独当一面的方式搞定的，还有业务的积极参与，而相对被认可的模式是华为，由组织、流程与IT组成的变革铁三角，相互协同推进。作者曾经参与一次长达几年的企业变革实践，参与人员上至总裁，下至业务骨干，涉及几乎所有中高层领导及部门负责人，阵势可谓声势浩大。这次大范围的变革项目也让企业全员意识到业务才是变革的主体，以业务为主导背景下的协同流程、岗位、IT/APP、数据、内控等各管理要素，形成五位一体式变革，类似军队中海陆空等多兵种联合作战，需要极强的沟通变革能力和项目管理能力。同时，这五位一体的管理要素都不是单兵或串联作业，而是相互衔接、并行开展，提升了企业整体的经营绩效和业务目标。

1. 流程

流程在历次业务变革中也是绝对的主干，因为它与业务密切相关，是业务经验的抽象呈现和沉淀，而且其他元素的建立和存在都是以流程为基础而存在的。在变革初期L1~L3的流程架构搭建阶段涉及较少其他元素，开展流程工作接触最主要的还是业务人员，此阶段关注的重点是公司所有业务领域是否都已涵盖？是否有遗漏？业务之间的边界及逻辑是否清晰？业务是否存在“踩脚”或“灰色地带”？毕竟流程架构是业务模块的抽象体现，架构一旦搭不好、理不顺，后面会产生一堆麻烦和返工现象。

随着业务方案讨论的逐渐深入，整体进入到最复杂的L4业务流程建设阶段，L4流程是岗位、IT、数据和内控等元素的承载体，如果没有这层流程，其他元素都将是“无本之木、无源之水”。所以在评审流程时要一并考虑其他元素对业务的影响，如各流程活动由哪个岗位/角色承担，某活动是否需采用信息化手段支撑，业务在系统或APP中流转产生哪些数据，某活动是否为内控风险点等，这些点都需要在流程这条线的梳理过程中加以考虑。

2. 岗位

对当前我国大部分中小企业来说，职能型组织架构依然是主流，因此，岗位在职能型企业中的重要地位就不言而喻。在我们拉通流程过程中，遇到的最大问题就是同一个活动在不同的事业部由不同岗位的人员操作，甚至是同岗位的人员在不同的事业部间的职责也有差异。由于各事业部是独立管辖，岗位及职责的设置权限自由度较大，日积月累就导致各事业部间的组织及岗位设置差距越来越大，从而出现了一些同工不同岗、同岗不同名、同名不同责等一连串的岗位与职责问题，使得流程的统一性较难实现。

为了更好地让流程在各事业部间具有统一性和适配性，针对各事业部间岗位和职责的差异问题，我们可以借鉴标杆企业的做法，就是由公司平台人力资源部门统一设置事业部的组织、岗位及职责规则，先把大框架和模板给框住，即要求所有事业部的组织、岗位及职责统一，事业部可以在此框架基础上安排合适的人员，但组织、岗位及职责不允许新增或修改，这样就做到了标准化，杜绝了岗位在不同事业部间的差异问题，为流程统一性奠定了良好的岗位基础。

3. IT/APP/数字化技术

在目前业务IT化、数字化转型的大趋势下，流程的执行落地还得充分借用IT/APP/数字化技术，提高业务效率及员工体验度。如果说流程是业务，那么IT/数字化技术就是对业务的辅助和锦上添花。与竞争对手相比，我们要实现人无我有，人有我优的优势。业务如果能全面实现流程化、IT化、数字化，那么我们就能在QCD（质量/成本/效率）领域全面赶超竞争对手，成为行业的领跑者。

这些IT及数字化技术手段在流程活动中的助力，需要流程、业务和IT人员一起研讨，从而实现可行性和投资回报价值。业务人员由于长期深耕在本领域，有时会忘记跳出本领域眺望远方的路，这时就需要流程与IT人员结合当前管理及技术趋势进行适当引导，比如，当研讨业务细节时，我们可以询问操作这个活动的岗位人员目前是怎么做的，有什么困难，期望实现怎样的操作体验，是否需要BI展示报表或添加APP实现业务自助服务等。通过与业务探讨未来可能的改进方向，由IT和业务人员一起针对相关领域形成整体解决方案、详细设计方案、开发实施及用户测试等，按照

MVP、小步快跑的策略，先上线能使用的最小可行性产品单元，切忌追求大而全和完美主义。信息化对流程的助力是未来的趋势，也是数字化时代要求的效率及体验的最直接体现。

4. 数据

在流程中流淌的是业务信息，在系统中流转的是系统数据，只有将线下信息转移至线上形成流淌的数据，才能更好地实现数据的收集、储存、流转、分析及应用。对于数据的治理可以借助5S理念开展：整理—数据识别、整顿—数据标准、清扫—数据治理、清洁—数据打通、素养—数据质量。未来的企业资产将会在人、机、料、法、环、测的基础上，增加“数”的维度，而且权重也将越来越大。

5. 内控

内控是为了防止阻碍企业经营绩效达成和违反外部合规要求而增加的企业防火墙，它与流程就如同一枚硬币的两个面，防风险和效率需要平衡并存。

我们在搭建具体L4流程时，可以从行业与企业曾经出现过的风险事件角度识别各业务流程活动中可能存在的风险，然后在流程活动上对其进行标注KCP，最终将所有业务流程的KCP汇集形成一张KCP checklist，同时需要在流程活动及说明中添加特殊标识和管控措施，作为日后开展流程及内控稽核的重点检查区域。随着风险防范在企业中的重要性日益提升，内控也发挥着更加重要的作用，为企业的飞速发展保驾护航。

在我们推进变革项目过程中，对于一般中小型项目如果能考虑五个元素中的1~3个元素也能正常开展，但对于涉及企业整体的大型变革项目可能就显得力不从心了，即使最初较为顺利，但在事后可能慢慢与其他未涉及管理要素的兼容性就会出现问题，可能会面临返工或打补丁的情况。任何的变革首先是业务的变革，因此，我们在实施流程变革时，要谨记以业务为主导，流程为主线，兼顾其他管理要素的融合，只有这样才能使变革成功的胜算更大一点，持续时间更久一点。

5.4 库存视角下的供应链流程变革

但凡大型制造型企业，供应链都是自己的核心业务领域，企业内部人士对供应链的持续优化和变革也从未间断过，能够且愿意对供应链进行业务变革的企业，也是付出了巨大努力和决心。众所周知，组成变革模型的三要素是组织、流程和IT，其核心思想不仅包含对这三个要素在供应链领域的详细解读，而且还突出了对KPI的重点强调。关于库存视角下的供应链领域变革，我们可以用1–2–1–3这四个数字来说明概括，即1个中心视角（库存控制），2条主线（SCOR与PLC模型），1个变革三角框架（组织、流程、IT），3个一级KPI指标。

1. 1个中心视角

从库存控制的视角研究供应链体系，首先大家不要将库存控制误以为是仓库管理，这完全就是两个概念。库存控制（Inventory Control）的核心思想是在确保向客户准时交付的前提下，降低呆滞库存，提升库存周转率，而仓库管理（Warehousing Management）仅仅是库存控制的一个很重要的环节而已。同时，我们也不提倡“零库存”，那是精益思想中的理想状态，目前尚没有企业能够做到，我们追求和倡导的是合理的库存控制，而合理的库存控制是供应链流程的“黏合剂”，供应链体系各环节正是以库存为桥梁黏合起来的。

2. 2条主线

2条主线是指SCOR模型（计划、采购、制造、交付和退货）和PLC产品生命周期模型（导入、爬坡、成熟、衰退和结束）。基于SCOR模型，我们可以建立供应链各模块的组织架构、角色职责、关键流程及KPI等，它是搭建供应链体系的基础。同时，沿着这个基础模型，我们还需要时刻关注在产品生命周期的不同阶段，因为预测或订单的突然增量和砍单影响的库存变化，因此，PLC曲线就像SCOR流程中一个监控库存异常的“哨兵”，一旦有NPI/EC/EOL，提醒我们要及时模拟库存物料的变化情况，将旧料库存损失降到最低，新料齐套且及时可得。这也应了那句“NO Surprise 让大家平静、幸福地生活”。

3. 1个变革三角框架

是指变革三要素组织、流程和IT，又可以用7-10-1概括。7个关键角色（Sales/DP/PP/MP/Buyer/IP/NPI）：通过SCOR模型为供应链体系的组织架构提供了思路，凸显了计划的重要性，确立了贯穿端到端供应链流程的7个关键角色和相关职责，通过人和流程将前端的市场预测与研发转向供应链等切换工作进行了无缝衔接，而这部分工作正是当下很多企业，因部门工作交接不清导致推卸责任的原因所在。

（1）10个核心流程。这里所谓的10个流程不是数学上的正好10个，而是泛指，是贯穿涵盖整个端到端供应链业务运作的流程。要控制库存，就得控制流程。流程不仅对组织角色开展工作提供指引和指导，也为ERP系统的运行保驾护航，没有好的流程梳理与优化，ERP就失去了灵魂。同时，为了识别流程中的重要风险和难点，我们需要对流程设置关键控制点，只有关键控制点卡住了，库存控制的相关流程运行也就有了保障。

（2）1个核心系统（ERP-MRP）。考核ERP项目的成功实施有两个基本标识：一是库存数据准确性；二是MRP跑起来。这里所指的库存既包含实物库存，还包含信息库存，而库存数据的准确性又是影响MRP运行的前提，连自己系统中的数据都不相信，跑出来的MRP计划单指令谁敢执行？为了确保系统数据与实物的一致性，我们需要维护好供方、客户、账户权限等系统中的基础数据，而且还需要时刻关注库存、交易等的动态交易数据。

4. 3个一级KPI指标

许多企业在按照平衡记分卡自上而下分解KPI时是逐层分级的，因此供应链体系的三个一级KPI指标设置为及时交货率（OTD）、呆滞库存率（E&O）、库存周转率（ITO），他们之间的对立统一，为合理的库存起到平衡作用。同时指出，继续往下分解的二级KPI并不是简单的对一级KPI的一对一关系，而是一个无明显对应关系的整体，相互交织在一起共同起作用。当然，KPI的应用考核也就不能分段测评，也提倡正激励为主，防止顾此失彼，影响整体目标的达成。为确保KPI指标的有效达成，定期及时做出分析和调整策略，建议采用S&OP会议和E&O会议的形式，在企业范围内形成一个“固定时间、固定地点、固定人员、固定议程”的长效管理机制。

库存视角下的供应链领域变革紧密围绕1–2–1–3这几个数字系统全面展开，逻辑严谨，思路清晰，再结合日常业务实践和对运营知识的理解，相信大家很快也会成为制造型企业运营领域的半个专家。但是，供应链管理不仅需要掌握这些硬知识，还有一些软性的管理技巧，只有将其相互结合才能相得益彰，正所谓“供应链管理，一半是技术，一半是管理”。

案例解读一

一次成功的变革项目转运营交接会

当我们成功地实施完成一项变革项目，后续就面临如何将项目工作转入日常运营，而其中项目前后人员及工作的衔接就是关键节点。接下来分享下供应链领域中一个MRP变革项目成功转运营的案例。

随着A事业部MRP变革试点项目的验证通过，距离项目结束还有一个月时间，从目前整体流程运行双周检查来看，整体执行效果还不错，但仍有部分遗留问题没有得到根本解决，比如，研发BOM梳理滞后影响MRP系统运行准确率；部分角色自主改善意识薄弱，需要项目组推着走；生产现场滚工单现象依然存在，造成项目成本核算不准确；系统自动计算物料的过剩分析，需要进一步验证其合理性等。

为更好地夯实变革项目成果，使项目正常成功转运营运作，本着“扶上马，送一程”的原则，由企业变革、流程IT、集成供应链平台部门与A事业部的流程IT、HR及运营管理等部门联合召开了一次针对后续项目转运营工作的沟通交接会。整个交流内容围绕“1个中心，4个主题”展开。

1. 1个中心：紧紧围绕扎实落地变革项目，让项目成果持续高效运转为中心，一切工作必须服务于项目和经营成果持续达成。

2. 4个主题：

（1）确保相关岗位/角色各司其职。要求涉及本次变革的所有岗位/角色需严格按照流程和KPI导向开展工作，杜绝串岗、混岗现象，由A事业部的HR部门负责将执行流程及系统的相关岗位人员的执行情况纳入个人PBC监督检查。

（2）持续开展流程执行力检查。依然按照项目开展过程中识别的关键流程及关键控制点Checklist检查流程的执行有效性，并依照转运营后的前三个月双周检查，项目稳定三个月后，月度检查的频率执行由事业部流程与运营部门联合企业流程IT和集成供应链平台做好项目交接、方法赋能、知识转移等，运营阶段的流程执行检查由运营和流程部门共同承接，定期发送流程检查通报结果，跟进整改措施到位。

（3）监控系统使用率。针对系统运行问题，由平台流程IT与A事业部的ITBP人员做好交接，并持续监控系统运行状况，按照事业部的周度会议评审机制，将问题及时暴露、反馈和处理，确保大家都在执行MRP流程，使MRP系统运行化率持续保持在90%以上。

（4）定期做好系统数据维护与清理。为确保系统运行的持续高效，系统中动/静态数据的及时维护和清理是必不可少的基础工作，由事业部的ITBP牵头流程中的相关角色做好日常基础数据的维护与交易数据的清理工作。

此次项目沟通交接会各方充分发表意见，对交接过程中及后续可能出现的问题充分讨论和明确责任，最终达成共识，4个主题紧紧围绕1个中心运转，并服务于1个中心的目标不动摇。

同时，各方为保障相关角色执行到位及确保项目运营效果，大家一致决定由A事业部的HR和运营部门牵头负责搭建A事业部的变革项目运营奖惩机制，在坚持“奖励为主、惩罚为辅”的原则下，鼓励大家严格按照流程和系统操作执行，为A事业部的流程型组织文化建设奠定良好的基础。

这次供应链变革项目转运营交接的成功不是单一要素的独角戏，离不开各相关要素的共同助力，如领导重视、目标共识、方法统一、奖惩机制、重视数据等，如果将其总结成一句话就是：变革要有心，做事要用心，后期要保持恒心。

案例解读二

变革项目试点完成后的实施推广

很多国内企业的变革都在学习华为模式，而华为实施变革项目一般由概念、计划、开发、验证试点及推行五个阶段组成。上面案例谈到的MRP变革项目就是在一个事业部的试点成功，那如何将其推行至其他事业部，实现一个变革项目在企业多点的迅速复制和价值增值，成为变革部门重要的工作之一。

随着A事业部MRP变革项目转运营成功的交接，最终达到预期项目目标，降低库存持有成本，提高客户响应速度和满意率，从而整体提升A事业部的相关运营绩效指标水平。基于此，企业借鉴A事业部在MRP上线的成功经验，及企业各事业部“依赖”信息化提效越来越迫切的需求，决定在其他事业部也推广MRP上线，抛弃原有效率低下的手工账线下操作，提升企业整体的运营绩效。同时，最近几年企业在OTD（从订单到交付）端到端业务流程领域也开展了多项流程变革和优化项目，但项目之间相互独立，缺少端到端的系统规划和打通，未发挥资源利用的最大效应。为此企业高层决定将项目范围初步确定为OTD领域的MRP上线+相关系统集成一起推行。

面对企业及各事业部对MRP上线与集成的需求，以及现有企业资源的限制，摆在大家面前的首先是需要明确推行策略和制定详细的推行计划，以满足各方需求与资源供给之间的平衡。流程IT与变革部门联合成立项目筹备组，负责策划后续的推行策略和计划，确保项目推行的可行性和价值最大化。

经项目筹备组商议决定，后续整体项目推行策略分三步走：即高层访谈与业务现状收集、问卷分析与综合考虑因素、拟制推行计划与上报沟通决策。

1.高层访谈与业务现状收集

（1）按照访谈计划，对相关业务的高层领导进行逐一访谈，充分挖掘业务痛点、客户需求（主要是 to B客户）、企业战略方向及资源现状等，为后续制定项目计划提供需求输入。

（2）针对业务现状拟制调研问卷让各业务负责人填写反馈，包括推行策略的建议选择、建议推行时间及原因、资源配置状况、现有业务基础及成熟度、系统数据质量、人员计划投入比及后续运维资源等。让各业务主体评价自身的实际资源与意愿程度，给后续综合评价提供业务基础数据。

2. 问卷分析与综合考虑因素

（1）收集问卷分析整理，排列优先级。首先，对问卷按照问题类型进行归类整理，形成可视化对比性强的展示界面；其次，项目筹备组从变革项目推广和问卷调研层面，确定将价值贡献、业务紧迫度、重视度、资源投入度、数据质量与业务基础等作为评价维度；再次，制作一个矩阵表，横行为各事业部名称，纵列为上述遴选的评价维度，并配以不同权重；最后，由相关业务领域专家对各事业部对应的评价维度打分，得出不同事业部的得分排名，作为重要的策略制定依据。

（2）在现有评分排名基础上，考虑其他客观因素。鉴于目前企业业务形态多样化及地理位置分散等特殊情况，除考虑调研问卷得出的评分排名外，还需要考虑是否跨厂区和跨业务、业务间相似性、公司 / 业务及顾问三方资源、项目周期及业务场景等因素。

3. 拟制推行计划与上报沟通决策

按照高层访谈、调研问卷结果及其他因素综合考虑，项目筹备组建议将MRP变革项目推行按照组织范围划分为三步实施，每一步都按照准备及立项、现状及需求调研、流程及系统设计开发、系统集成、上线试运行及运维支持等六个阶段。计划在外部顾问协助下，利用两年时间覆盖全公司各事业的MRP上线运行。

初步的推进策略与计划制定后，需要在项目立项决策前，事先与项目Sponsor及相关高层沟通，将不同意见提前识别、解释和融合，避免立项时因意见冲突导致“夭折”。因此，在与高层沟通时，汇报材料除包含上述推进策略与计划外，还需要添加相关推进的预估收益及目标、项目组织及职责、资源准备及预算、项目保障机制、风险与待决策事项等内容。

完成以上推进策略与计划制定的三步走，并与高层达成共识后，由项目筹备组与推进项目组联合准备变革项目立项材料，并组织上企业经营管理团队（Executive Management Team，EMT）会议立项决策。

通过变革项目转运营及试点后的实施推广案例让我们谨记：做变革项目切记做一个是一个，一定要想办法将试点成果的变革项目经验和成果推广至其他相关领域，最大限度地提高变革项目的可重复利用价值，减少实施的重复成本，扩大变革的影响力度。

案例解读三

数学思维在供应链管理中的重要性

提到数学，无论是对于毕业多年的社会青年，还是许多依然在读的大学生，都会有一种感觉——“头痛”。更何况是对于我这个已毕业多年的文科生来说，除了加减乘除工作中偶尔会用到，像切比雪夫不等式、马尔可夫不等式、贝叶斯估计、泊松分布等公式或模型，有种大眼瞪小眼的感觉。

在读了程晓华老师的《全面库存管理数学分析》后，尽管仍有部分公式还是看不懂，但对其中提到的几个数学思维深有共鸣，分享如下：

思维一：化归思想

化归思想是数学中的一种常规思维方法，就是将看似复杂、毫无头绪的问题用我们已知的或常用的方法转化解决。典型案例就是将圆的面积转化为用多边形的面积来估算解决。通过化归思维使原问题归结为我们熟悉的、简单的、容易的问题，化归思维就是试图用一种联系、发展、变化的观点来重新认识问题。在我们的日常工作中，当遇到一时难以解决或比较头痛的问题时，思考下是否可以进行化归，用每个人头脑中既有的思维和经验来转化解决，毕竟天下道理都是相通的。

思维二：模型只是工具

什么是模型？就是通过抓住事物的共同特征，并将其用简单和抽象的数学语言描述出来为我所用的东西。我们学习数学，并不是为了记住多少公式或模型，更重要的是会运用这些数学思维或模型，辅助我们开展日常的预测决策或假设验证。在供应链实践过程中，模型或公式只是我们的锄头和工具，并不能代表我们最终做决策，毕竟供应链管理还是非常复杂的，需要考虑的因素也很多，像数学模型、数学分析、ERP等还只是技术的范畴，但“心中无数”也难以做出比较合理的决策，供应链管理更多还要依靠流程、组织、绩效等这些管理措施。

思维三：目标不同方案不同

做供应链管理的人几乎时刻都面临基于现有产能、物料、场地、人员等约束而制定目标做出决策。比如在约束条件一致，而只是因为我们要解决的目标不同：即分别是产量最大化、产值最大化、利润最大化，最终导致决策变量也会不同。我在做流程变革或优化项目时深有体会，对于一项客观事实或当前的问题，当业务部门提出不同方向的目标诉求时，就会得到完全不同的决策和解决方案。当然，过程中我们可以从系统中抽取分析数据辅助我们做判断和决策，形成一种人机互动的效应。

让我们再回到开头说的那个“头痛”的事情，说了这么多，我们感觉数学其实也并没有想象得那么深不可测，毕竟它们也是由前辈或精英在大量实践中总结和抽象出来的公式或模型，为我们工作需要时提供了一种简洁的方法，关键在于运用数学思维辅助我们思考、验证和判断，而不是死记硬背那些公式，当需要借助公式或模型分析数据时，就当它是拿来即用的“新华字典”即可。

第 6 章　数字化转型

6.1 数字化转型趋势下的未来畅想

为加速经济复苏和产业转型发展，国家层面提出了《中国制造2025》战略和重点投资新基建的政策导向，而所谓的“新基建”就是指5G基站建设、大数据中心、人工智能、工业互联网、物联网等新型基础设施建设的七大领域。作为企业的流程管理人员，面对未来新数字技术及转型的发展趋势，我们需要思考如何借助数字化趋势助力流程的未来发展，以应对流程工作的挑战和变化。

科技创造了健康美，都说未来可期，那未来到底能成为什么，只能说具有无限可能。我们可以采用类似科幻片的手法，想象一下加入数字化技术元素的流程未来的应用场景。

1. 从员工招聘需求产生到员工入职流程的未来畅想

未来某年，随着生产现场自动化及办公数字化的全覆盖，也将直接导致人员的招聘需求发生变化，逐渐向高段位人才偏移，而涉及日常行政及现场作业人员也会被软硬件或AI机器人所取代，我们就暂时以对高层次人员的招聘场景为例。

通过大数据对近期行业发展趋势及企业人才流失的历史分析预测，企业在未来一段时间会出现某些岗位人员的离职与短缺状况，此时这个预测信息会通过AI传送指令，并开始自动从全球招聘网站及APP触发搜寻符合条件的匹配人才。AI锁定候选人后，企业将借助AR远程方式开展面试，同时运用区块链技术展开对候选人的背景调查。如果双方面试达成一致，AI会将相关信息借助企业自助服务APP发送至员工个人，当然推送的基础信息AI已协助填写完成，员工只需要核对确认即可。

系统会根据员工既定的入职时间、级别、岗位性质等按照算法规则发送信息给供方和部门开展资源配备，并对到位情况实时自动追踪和提醒。员工入职当天，可借助身份证刷卡或人脸识别直接进入无人办公服务大厅，此时所有相关办公资源已齐套推送至员工面前，领取相关物资直接入部门工作即可，可谓一站式无人服务。当然更可能的办公场景是利用XR，可在任何地方办公处理工作。

2. 从原材料采购到产品入库结算的无人车间畅想

根据客户订单及未来一周排产计划，AI会自动齐套检查在库、在途、产线等物料是否能够满足未来生产需求，如果条件不满足，系统会自动将缺料指令发送至供方下达采购订单，同时借助物联网实时监控供方物料到位信息。当物料送达工厂时，系统对AGV小车传达指令将物料直接配送至仓库或产线，车间会利用智能摄像头监控产线生产运作，也会借助物联网技术自助分析生产数据和解决产线异常，当产成品完成下线入库时自动将订单数据反馈给客户，物料用料数据与供方系统自动结算，并触发物流车辆接收给客户的配送指令，完成整个生产交付闭环。

以上两种未来场景是借助数字化技术假象臆断的画面，虽然虚拟，但深思会让人毛骨悚然。两种假想的未来场景与现状有一个非常大的差距，我们工作的对象将从人转移到软硬件机器人和数字化新技术上，而人只是在后台支撑起辅助作用，即人机协同。脱离了流程主人的流程还是流程吗？这个答案留给未来者研究。但有一点还是值得庆幸，不管是员工招聘还是制造生产的未来场景，整个运作过程非常顺畅，摆脱了目前阻碍流程运行的最大浪费——管理的浪费。

当流程管理的对象不再是与人打交道时，我们工作的重心也将随之发生变化。在数字化转型大潮趋势下，我们需要“顺势而为、借势而进”，未来我们可能需要掌握端到端系统规划的能力，需要具有大数据分析的能力，需要能对算法进行设计和解析的能力，需要学会与智能机器人协同能力等。面对未来，流程只有选择拥抱和顺势，才能基业长青，数字化的加入也让流程“无为而治”的梦想成为可能。

6.2 数字化转型背景下那些趋势变化

对于数字化的未来不仅局限于畅想，数字化已经到来，其转型也已成为大势所趋。不管是俄乌战争过程中使用的数字化武器，还是世界范围内新冠疫情困局中的数字化技术，当今社会中的数字化处处展现着一种魔力，正试图重构已有的社会体系结构。传统企业要想在未来发展中依然保持优势，就要积极地迎接拥抱数字化转型过程中那些对自己有利的互联网思维及技术，与未来协同创造更远的未来。

既然需要传统企业与数字化进行融合协同，就需要全面了解数字化转型时代背景下的那些趋势和变化，如信息数字化趋势演变、企业盈利模式的趋势变化、产品特点的趋势变化、数字化思维趋势特点等。

1. 信息数字化趋势演变

如果从第一代计算机埃尼阿克的问世算作是信息数字化起源的话，那么我们可以将截至目前的整个信息数字化划分为五个阶段。之所以介绍信息数字化的发展历史，是想让大家认知每个行业及企业所处的阶段定位及未来发展走向。

第一阶段：无纸化阶段，即通过计算机的发明实现了将传统线下需要完成的工作移交给了计算机来完成，如办公word软件，可以随增随删，节约纸张，提高效率。

第二阶段：业务电子化阶段，即通过大型软件系统将原有业务搬到线上，强化了流程的执行率和效率，如ERP、CRM、PLM等信息系统。

第三阶段：互联网兴起阶段，这个阶段的显著特征就是通过多级网络或平台建立超级互联，使产品广而告知，如雅虎、初级的淘宝、当当网等。

第四阶段："+互联网"阶段，即在原有传统业务底层逻辑及商业模式不变的情况下，运用数字化的思维和技术增强原有业务的某项功能，使其获得竞争优势，数字化思维和技术也只是传统企业的配角，如医院挂号系统，基本的就诊挂号逻辑未变，但其业务却大大提升了我们的需求和效率。

第五阶段："互联网+"阶段，不同于前面的"+互联网"，这个阶段明显是将互联网或数字化摆在了主导地位，打破原有业务逻辑，对传统企业运营模式进行彻底的颠覆和重构，如微信零钱通、美团外卖等。

通过了解信息数字化趋势演变的这五个阶段，我们可以反观自身行业及企业的所处位置，思考自己的未来是否需要借鉴领先而求变，成为行业引领者而不被时代所淘汰。

2. 企业盈利模式的趋势变化

大家可以思考一下，你所在的企业是否按照“制造—销售—使用”的逻辑在盈利？想必传统企业大部分还是按照这个套路来获取利润和价值的，即先制造出社会需要的产品，然后通过一定的手段将产品销售出去，最终到了客户手中，在客户使用过程中企业再开始后续的维保服务。这种盈利模式在现有社会依然是主流，而且确实也在为国家GDP做出贡献。相比于企业这种传统盈利模式，数字化思维及技术的引入正在打破某些行业的原有状态，犹如外星人入侵一般，迅猛而见效果。

那些成功实施数字化转型的企业盈利模式是怎样的呢？如何让他们俘获大众的“芳心”呢？他们本质上是在思维方式中嵌入以用户为中心的思想，从用户的视角重排了业务逻辑，即调整为“制造—使用—销售”，就是这么简单的调整，却让结果天翻地覆。大家最熟悉的典型案例是360免费杀毒软件。在之前杀毒软件市场红海市场激烈竞争之时，360的免费下载使用就像一条鲶鱼，彻底颠覆了这个格局，随着大量客户流量的获取、激活与留存，部分客户也慢慢开始扩展其他付费业务，从而最终让360软件公司获取收益和大众的推荐传播，同时也让其他杀毒软件公司偏安一隅，被迫专攻To B市场。

3. 产品特点的趋势变化

信息化或计算机自诞生之时便具备了技术的属性，试图用技术来改变人类原有的社会习惯，用技术代替手工来创造价值，满足社会需求，这就直接导致社会对此的价值引导，先制造有价值的产品，推广使用，使产品对大家有所帮助，这就是信息数字化所具有的最原始的技术属性。

随着社会物质产品的大泛滥，以及人们认知、能力及思维的不断加深，各种产品的竞争异常激烈，品类同质化现象也越来越严重，如何让客户选择自己的产品，便摆在了企业家的面前。对于企业来说，制造优质的产品，只是使产品具备价值的第一条件，更重要的是推广和使用，其前提是需要对客户进行产品使用知识、培训方面的培训，如电视机遥控器的各种功能按键齐全，这就是信息数字化的应用属性，即可用性。

而在数字化新潮及高素质教育的大背景下，人们对产品的要求也变得越来越严苛，这时候你就不能让产品只满足于技术与应用属性，而是要具备客户思维和极致思维，以客户的需求及感受为出发点设计产品，用极致严苛的质量关“死磕”产品，让产品具备数字化思维属性。对比原先电视机遥控器，小米电视的遥控器就显得格外精简，按键设计非常符合人体工学原理及常规习惯，即使在关灯情况下也能知道那几个按键的用途，这就是信息数字化时代的思维属性，让产品更加方便易用。

4. 数字化思维趋势特点

八年前曾经读过赵大伟主编的《互联网思维孤独九剑》，当时赵老师就提出了9条未来互联网的思维，经过这几年数字化迅猛发展，这些思维趋势的变化再次得到印证。在这里简要阐述四种数字化思维趋势：

第一，以客户为中心。不是说客户说什么就听什么，而是要有独立的思辨思维，站在客户角度深挖潜在需求，遵循“Who-What-How”的模式，即需要首先知道你的客户是谁，具备特定特征的人群模型，在何种条件下的何种需求，目前客户是怎么做的，有什么痛点，你打算如何满足客户的需求，解决客户的痛点。这要求价值创造链的所有环节都需要谨记这条原则，大家可以尝试使用“用户场景画布”去演练。

第二，快速迭代。即区别于原先信息化系统开发的瀑布式开发模式，做大而全的功能开发后统一推向市场，现在采用小步快跑，快速迭代的思想，先满足核心客户的核心功能，等客户上线使用反馈后，再不断优化和扩展其他功能。这也是数字化的运营思维，即先留存流量客户占领市场。

第三，数据驱动。随着华为流程管理的成功，目前国内比较流行的说法是流程驱动业务，即用流程式思维串联一切，通过过程管控达到实现结果的目的。不可否认当下能实现流程驱动业务的企业也不多，但在数字化转型背景下，用数据结果说话，用经营数据透视、反观业务，从而牵引业务走向正确的方向，似乎有种为了解决Why而寻找根因的目的。

第四，客户体验。即客户在使用产品过程中的真实感受，你的产品不是你觉得设计的好就好，而是客户说好才是真的好。这里有个产品价值与客户体验之间的矛盾，到底是先满足客户价值需求还是体验需求。我们可以这样界定，当产品处于竞争的弱环境时，我们以先满足客户的使用价值为主；但当产品竞争较为激烈，市场同类产品较多时，我们就需要突出重围，站在客户的角度以体验为主。

以上从信息数字化历史演变、企业盈利模式趋势、产品特点趋势、数字化思维特点等四个角度，阐述了当今数字化转型时代下的趋势变化，虽从一定视角让大家了解未来趋势，但也只能算是管中窥豹、抛砖引玉。未来的发展谁也无法预测，我们能做的就是以史为鉴，顺应趋势而为，争取不被时代所抛弃。

6.3 数字化转型价值的三方面

伴随数字化背景下的各种趋势变化，无论是公司变革、企业咨询、图书出版，还是新媒介微信公众文章、抖音/快手视频，与数字化相关的信息大量充斥着我们日常的视觉。

那数字化转型到底是什么？又如何实现呢？在作者试图通过阅读大量相关数字化书籍寻找答案时，却发现每位专家都有自己的理解，想要做到统一似乎很难，这也让作者较为迷茫。但作者在了解相关数字化的一些内容后，却对流程中运用数字化思想或技术的趋势充满信心，各路专家对数字化转型实现的价值也保持着高度认知，主要表现在以下三个方面：

1. 实现企业商业模式的创新

借用数字化的技术或手段实现商业模式的创新，从而改变传统的盈利模式，目前国内大量运用新型创新模式颠覆传统做法的案例比比皆是。如滴滴的出现让传统打车模式从被动等待转换为主动呼叫，并且平台可根据大数据分析及算法，能够准确提供客户位置、道路拥堵状况、最佳路线等数据，从而节省司机与乘客的匹配与等待时间，提高双方的满意度。

又如，美团外卖的模式创新竟意外让方便面产业风光不再，改变了大家对速食的常规理解，也颠覆了餐饮业对饭店选址的要求。原先饭店的选址一般重视在人流量比较大的商业中心附近，这样就容易让周围的白领下班就可以迅速解决就餐问题。但是美团外卖的横空出世却让饭店的选址看起来没有那么重要，只要饭菜价格实惠、卫生，即使开在远离商业区的深巷子里，也可以解决速度就餐的问题，真正实现了“酒香不怕巷子深”，数字化转型的实施也成就了美团。

2. 大幅提升运营效率

运营效率的提升似乎是每次工业革命必然会触及的问题，也是企业时刻需要解决的。数字化技术及工具方法的加入，也让这个传统命题的解决有了更多可能性。随着产线自动化及智能化的大量普及，办公领域的RPA（机器人流程自动化Robotic process automation）也已悄然而至，它能够代替或者协助人类在计算机、RPA手机等数字化设备中完成重复性工作与任务，让办公室人员可以释放那些有规则的繁杂事务，从而可以让他们有更多时间从事具有创造性的工作，大幅提升办公人员的运营效率。

随着智能AI摄像头在工厂考勤中的应用，将传统产线/班组中那些忙碌的考勤员全体解放，不仅能够提升整个工厂的运营效率，也能为企业节省大量的人工成本。

3客户体验升级

“以客户为中心”这句口号几乎成为每个企业的使命价值，但如何做到让客户持续满意却是大家普遍头痛的问题。以前水果店卖西瓜都是一个一个地卖，但对于临时想吃西瓜的过路人却没有那么方便，于是有的商家就将西瓜切开并配上勺子，在提升客户满意度的同时也增加了西瓜的销量；为了迎合浪漫情侣，更有商家自学雕刻技术，将西瓜雕刻成各种鲜花或礼物的形状，满足人们专有体验的同时，还增添了西瓜的艺术价值。

数字化技术及工具的加持就是想让客户的感觉体现得更加淋漓尽致，甚至增加自助性和科技感。拿西装定制来说，传统定制西装需要去裁缝那里现场量体裁衣和选料，并经过漫长的等待与不可知性。而库特智能以数据驱动生产的做法颠覆了我们认知，不仅可以实现iPad一点数据全部显现，而且所有面料、款式、纽扣等都可以在APP中实现自助定制选择，还实现了从下单到收货的7天承诺，极大地提升了我们的体验与数字化感受。

数字化转型到底是什么、怎么转，似乎没有固定的答案，这也跟每个企业的发展阶段、组织文化、行业模式及意识形态等都有关系。但似乎冥冥之中我们努力的方向和要解决的问题又是那样的相似和固定，通过模式创新、效率提升、客户体验升级解决让客户满意和让企业盈利的目的似乎从未发生过改变，以不变应万变才是我们对待数字化转型应有的策略和态度。

6.4 从数字化转型看流程管理的未来

据《未来简史》推测，未来数字化将使大部分人类沦为“无用阶层”。同时，数字化专家及相关研究机构也对各行业因数字化趋势的未来发展进行了大胆预测，如汽车行业五年之内如没有法律限制，10%的新车将完全由无人自动驾驶技术替代；金融行业的线下客服及销售等人员将完全由AI取代；医疗行业将利用5G及AI技术实现远程手术；制造业也将逐渐用自动化及智能化的软硬件设备取代现场作业员等。

从数字化趋势及历史演变来看，大体经历了业务上线化、数据集成化、数据可视化、数据透明化、数据预测化五个阶段。在这些行业中比较常用的数字化技术像OCR识别、RPA自动化、服务自助、AI辅助、物联网、BI等都发挥着巨大的价值。但单从数字化本身看它只是一种技术和使能的手段，只有将数字化与具体的产业或岗位结合才能迸发出该有的意义和价值。在如今数字化转型的大潮下，数字化与流程是如何紧密结合，又是如何驱动流程管理向前发展的呢？作者通过自身阅读的数字化书籍及前沿报告的解读，对数字化转型下的流程管理发展趋势做一个管中窥豹的介绍。

1. 智能工作流

智能工作流区别于目前企业现有的业务流，它通过掌握数字化专业的人员运用内外部大量数据及当下数字化技术与业务流进行充分融合，从而更好地满足客户期望，创造更大的业务价值。因此，智能工作流与流程是紧密结合的，在传统业务流程中借助具备专业技术的人、内外数据及包括物联网、5G、AI、区块链等数字化技术，开展进行人机协同式的办公。

智能工作流区别于迈克尔·哈默所说的流程再造，它不是靠人们传统的经验和主观来判断是否开展流程变革或优化，而是依靠数据驱动；智能工作流不是靠传统的线性思维开展工作，而是更加依赖数字化技术及迭代的工作方式；智能工作流不是靠事后的监督来纠错，而是依据事前及事中的数据实时动态响应；智能工作流程不是利用简单的IT手段实现线上化，而是利用智能工具辅助人甚至是替代人进行分析与决策……

根据现实技术及未来的发展，我们可以预测未来智能工作流的发展大体可以分为三个层次：第一层是自动化技术应用阶段，就是通过数字化技术进行信息的获取、判断及事件触发，如用RPA技术代替人类开展信息的获取与转移；第二层是人机协同阶段，利用数字化辅助人类开展分析、决策与预测，如通过算法将规则植入系统，帮助人进行审核签批；第三层是无人阶段，顾名思义就是不需要人的参与即可对业务进行自我更新优化，如AI的深度学习技术就可以让业务自我学习自我更新迭代。

智能工作流的发展目前处于测验阶段，通常的做法就是对流程中烦琐、容易出错、影响流程效率的环节植入数字化技术，从而提升整体流程的产出价值。

2. 流程挖掘

流程挖掘很容易让人联想到数据挖掘，其实两者的共同点都是通过数据驱动的技术，通过分析现有数据来了解业务存在的问题。两者的不同点为，流程挖掘更偏重于端到端的流程视角，基于海量的流程日志，通过呈现不同视角下的流程路径，更加形象地展示流程存在的问题与异常，从而提供分析改进的有力依据；而数据挖掘不是流程视角，而是以数据库为研究对象，缺乏端到端的流程宏观视角，也无法追溯流程问题的原因。有人将流程挖掘比喻成一台企业的即时扫描仪，通过实时扫描系统中的业务流程运作，及时获取当下存在的低效和阻碍的流程节点，从而及时找到原因，对症下药。

流程挖掘区别于传统业务的流程管理，流程挖掘是基于数据驱动，而不是个人的经验与主观判断；流程挖掘更多是一种自下而上的实际业务，而不是自上而下的层层授权与汇报；流程挖掘能够迅速取得所有流程走向进行分析，而不是抽样检查，有失偏颇；流程挖掘是响应迅速的实时数据，而不是效率较低的事后数据。

目前流程挖掘已被欧美国家广泛接受，且认可度较高的是德国的 Celonis 公司，但在国内的认可度却相对较低，主要还有因为国内企业的信息化水平低、流程体系不完善、缺乏系统的数据积累与运用习惯等原因。在国内流程挖掘技术做得比较好的企业如望繁信科技，具有很多国内客户，如美的、中国移动、华润等。伴随国内数字化转型的如火如荼，我国企业也迫切希望借助数字化技术实现弯道超车，通过数字化技术提升业务在线率，不断沉淀大量数据，从而使得流程挖掘有更大的市场前景。

6.5 数字化转型中的常用技术

随着数字化趋势的发展，以及大家对数字化转型的深入理解，对数字化转型不只是涉及类似国家新基建中提到的新技术，还包括数字化战略、数字化组织、数字化变革、数字化文化等的认知趋于共识。但在数字化时代，如果没有数字化技术的融入和推波助澜，似乎又缺少点数字化转型的味道。鉴于此，作者就从数字化技术与流程管理实践结合的角度，阐述常见的数字化技术及其应用。

1. 流程机器人（Robotic Process Automation，RPA）技术

如果说产线自动化机器人解放了作业员的双手，实现了增效高产，那么 RPA 的出现就是为办公室白领量身定做的软件机器人（以下简称她）。办公室中经常会有一些类似文员的岗位，每天手工处理大量低价值的数据

与任务，无形中增加了公司的运营成本。而RPA的横空出世就像你身边的虚拟同事，可以帮你完成大量重复、枯燥和无价值的工作，也能非常友好地界定你与她的工作界限和协同。

相比于人类来说，RPA的性价比更高，她甚至可以一周每天24小不知疲倦且无怨言地工作，她不但效率高，而且工作质量好、出错率低，而且能够快速地复制和部署，是我们流程节点上的好朋友。

目前RPA普遍应用在那些业务规则比较明确、工作重复性较高、系统之间频繁传输数据等的业务场景上，如人力资源管理领域、财务领域、金融领域等。

2. 服务自助技术

如果大家去肯德基或者麦当劳就会发现，以前排队点餐的现象已经基本得到解决，因为在每张桌子上都贴有自助点餐二维码，直接扫码点餐按照被叫号码自助领取食物，这就是我们日常生活中最常见的自助化技术。这里的自助化技术就是将原来需要服务方完成的工作通过APP、Web及自助服务终端等技术转移至被服务方，而且转移的心甘情愿，还整体提高了效率和客户体验，节约了时间。

记得当年我入职的第一天，所有新员工排队等待查验毕业证、学位证、奖励证书、英语四六级证书等，同时还要填写各种个人信息表、保密协议、劳动合同等文档，不仅耗费时间，而且很容易出现差错，那种体验反正不想重来。而现如今很多企业通过下载企业指定APP，即可在宿舍或家里足不出户就能提交相关资料电子版，填写及签订完相关文件，已经完全实现了员工入职的远程化和自助化。

3. 人工智能技术

对于AI人工智能技术在生活中的应用也是极为常见，如苹果手机智能语音助手（Siri）、汽车语音识别功能、支付宝人脸识别付款、中国移动机器人客服等，可以说AI的应用已经悄无声息地影响着我们的日常生活。对于日常AI的分类，我们常见的有如下四种：

（1）NLP（自然语言处理）技术：上面提到的Siri、汽车语音识别、移动机器人客户、银行机器人客服等都属于这一种。其实就是试图让机器人理解人类语言，并将与人进行交互的技术，目前基本语言识别及沟通的障碍已经没有问题，但更深层次的语调识别及情感感知却是未来需要攻克的难点。

（2）知识图谱技术：就是类似家谱的一张大的知识图，把所有相关的事物通过某种逻辑捏合在一起，通过关联性去解决问题。比较常见的知识图谱应用就是百度搜索引擎、内容推送、拼多多推送等。

（3）视听技术：主要在视觉与听觉领域实现人机互动的一种技术，比如人脸考勤识别，银行自助机的身份证识别，通过OCR实现的文字识别，小度音响唤醒等，在流程中加入这些技术也能提高流程的运营效率和科技感。

（4）机器学习：这是人工智能的深层领域，通过各种算法和算力来完成复杂度较高的工作，如车辆保险的风险定价，投资股票的智能选择，当年的阿尔法围棋大战等都属于这一种。

随着人工智能技术的不断成熟，AI在流程中的应用主要体现在提升客户体验满意度、减少人为操作、代替人类自动服务、借助数据辅助决策等方向。

上面介绍的这三种数字化技术也只是数字化转型中的冰山一角，因为他们就发生在我们身边所以有所感触，未来人们也将会借助更多数据与算法的叠加，创造更多的数字化技术，使之服务于人类，解放人类，加速人类迈向未来的无限可能。

案例解读

逐步实现SOP文件的数字化

对于制造型企业来说，产线各工位上悬挂SOP文件是再正常不过了，其主要目的也是让大家能够按照SOP的规程严格执行岗位操作。但对于因新项目量产、设计及工程变更、客户要求更改等导致的文件变更也是常有的事，因此文件管理部门就会根据客户、研发、工程、质量等部门要求每月给产线打印几千份的SOP文件进行更换。

对于这些SOP文件日常的下载、打印、盖章、登台账、下发等工作是相当烦琐，而且属于每天例行重复性强且业务量大的特点，占用了文件管理人员的大量时间，从流程优化角度审视看是属于不增值活动，完全可以用信息化或数字化手段代替。基于此，为了节省文件管理部门的时间，提升部门的工作效率，我们计划将此业务的数字化过程分为三步走。

第一步：SOP文件的下载和打印业务可运用RPA技术实现。首先由文件管理部门人员梳理各种SOP文件的下载场景，通过识别不同的下载地址和操作规范，将梳理全面的业务场景和规则输入给IT，由IT人员根据场景开发布置RPA，并在办公室增加一台闲置电脑，相当于增加了一名虚拟软件机器人，可以24小时持续工作，这就解决了RPA机器人定点查询下载文件并打印的功能。

第二步：盖章和登记台账可借助OCR+RPA技术实现。针对电子印章，目前的IT技术比较成熟，IT人员可以在系统中进行虚拟设置。而对于打印的文件内容和份数可以利用OCR自动扫描进系统，然后让RPA机器人将其登记在不同的电子台账中。

第三步：文件的下发可借助系统集成实现。目前的做法是将SOP进行下载打印后由车间专人每天过来领取，也浪费了车间人员的时间，后续可以根据需要，将企业闲置的电脑屏幕布置到产线工位上，实现文件管理系统与车间电脑屏幕的集成，直接将SOP对接产线，工序人员只需要查看眼前的电子SOP即可，即节省了下载打印的时间，也节省了纸张及领取时间。

实现SOP文件的数字化转型之路只是我们日常工作中的冰山一角，日常中还有很多如任务跟踪、问题预警、指标可视、订单预测等工作都可以运用数字化的思维和技术来改变我们的工作习惯和体验。

6.6 实施数字化转型的六个步骤及四点注意事项

据麦肯锡的一份数据调查显示，全球数字化转型企业的失败概率大约在80%，但这并不能成为我们不转型的借口。诚然，数字化转型属于企业变革的一种形式，也并不总是一帆风顺，其成功需要具有数字化领导者、全员的数字化意识和能力、数字化人才、数字化工具等要素共同起作用。

既然数字化转型如此艰难，需要具备多方面的要素，是不是一般中小型企业可以等大企业转型成功，自己采取追随策略就可以了呢？如果真是如此，那么，这些小企业就只有等死了。所以数字化转型是大势所趋，是艰难而正确的抉择，是需要我们迎难而上的，只有自己破壳才能重生。

数字化转型既然如此重要，而失败率又高，有成功的案例为其他企业后续转型作为参考吗？答案是肯定的。目前我国很多企业，如美的、三一重工、京东方、海尔等灯塔项目都是数字化转型成功企业的代表，作者结合行业和自身经历的一个案例提炼下常规企业开展数字化转型的六个步骤。当时这家企业也是面临着变革和数字化转型的困惑，但是通过高人指点和反复的尝试，摸着石头过河，终于走出赋有本企业特色的数字化转型之路。

1. 聘请外部顾问给予方向和经验的指导

当面对数字化转型束手无策时，可以邀请同行业做过国内“灯塔工厂”的咨询顾问给我们一些启发和引导。这时我们的中高层及关键业务代表要与咨询顾问老师积极互动，充分调动内外部双方的积极性和参与性，可以采取培训讲解方式，也可以采取类似小型案例现场演示的方式，让业务更有感觉。当时这家企业聘请的咨询顾问就是在行业中做过数字化转型成功项目的，而且是培训与模拟演练兼有。总之，聘请经验丰富的咨询顾问其目的就是借鉴成功的标杆企业成功案例，吸取成功经验，躲避雷区，为自身企业转型提高成功概率。

2. 找差距形成危机意识，达成共识

通过第一步数字化转型的意识输入，如果还是停留在模糊状态，那就不妨带着我们的核心骨干去标杆企业去感受下数字化转型成功后的模样吧。让形而上的意识层面与真实的现场感受来次思维碰撞，真切地感受一下与别人的差距，产生一种时不我待的危机感，最终在大家的脑海中形成一种共识，“差距太大了，数字化转型果然是未来的方向，我要变。”案例中的这家企业高层就曾率领自己的业务团队拜访参观了多家国内有名的数字化转型成功，产生身临其境的触达感，真所谓“穷则变，变则通，通则久”。

3. 成立内部数字化转型团队，选取试点领域范围

借鉴标杆企业做法，根据数字化转型涉及的领域配备相应的团队成员，参照变革项目，根据数字化转型方向，团队应涵盖业务代表、变革代表、流程代表、技术代表、数据代表、组织代表等。需要注意的是，这些待参与人员一是需要有多年经验的精英；二是要确保其参与度，否则就只是挂名，最终可能导致项目的无疾而终。当数字化转型团队班子搭建完成后，就需要集体讨论后续试点领域范围，是从本企业最薄弱环节入手，还是行业相对成熟的数字化营销领域，又或者是当下令业务比较头疼的版块，这需要中高层及团队成员形成共识，共识前可以畅所欲言，一旦确定就必须全身投入，不再有共识上的差异。案例中这家企业的团队成员刚开始也是参照本企业之前的经验，团队成员构成也比较单一，但随着业务的

推进和需要，涉及各管理要素的代表们也陆续加入，形成了多兵种联合作战的态势，期初也少不了磨合，但大家对目标范围达成共识后，同心协力，最终使得项目得以顺利完成。

4. 形成推进机制和节奏，关键里程碑节点定期汇报和纠偏

确定了团队成员和试点领域范围后，就需要形成内部的推进与约束机制，统一步调，并针对关键里程碑节点不定期向中高层汇报进度、成果及需要的资源支持，把握方向，及时纠偏，防止南辕北辙，渐行渐远。至于关键里程碑节点，在前面章节也有介绍，如专项/专题问题及分类、指标设定及分解、流程设计与发布、系统开发与落地等，各环节采取小步快跑、并行开展的方式，完成一个试跑一个。这个环节考验的是项目组的整体操盘和把控能力，如设计不好很容易引起项目成员的抱怨和怀疑。

5. 试点培训、总结，形成成功经验和做法

当完成试点项目或一个MVP时，就要对业务的关键用户进行培训赋能，因为他们才是真正的实操者，由他们指出项目的不足和需要改进的点，并实施定期问题闭环和复盘总结，形成一个个经验知识库，待到项目接近尾声时，可以将其用在推广单元或其他业务领域。经验的复盘总结是非常宝贵的企业资产，一定要循环利用，甚至可以建立单独的知识库系统，将各领域的经验进行存储和传承，不会由于人员变动或流失时一起消失，导致每个项目都是从头再来，那样的成本是非常昂贵的。

6. 站在经验基础上制定公司其他领域的推进策略和方案

当成功一个试点领域项目后，把项目的复盘总结作为下一个数字化项目的起点，踩在巨人的肩膀上前行总会少点羁绊。一个企业单领域的成功不足以影响全局，所以一定要有公司数字化转型的全局视野，且尽量将其与公司战略绑定，全面规划公司各领域数字化转型的推进策略，获得高层的共识，配备后续的补给资源，否则也只是昙花一现。

数字化转型六步骤是一个常规的正向实施流程，但在实际转型过程中却有很多的风险需要避免，提前知悉让后来者少踩雷。

注意点一：业务为主，其他为辅。在数字化团队搭建和实施过程中，一定要明晰数字化转型是业务的变革，而不是信息化的变革，也不是项目组的变革，更不是领导的变革。业务是主角，其他管理要素全面配合支持，只有大家充分意识到这个关键，数字化转型就成功了一半。

注意点二：提前订好目标和基线。项目搭建初期就要明确项目的目标，而且团队成员之间都要形成共识，有了明确的目标才有了努力的方向，否则就是无头苍蝇到处抓瞎，同时也是导致项目失败的原因之一。

注意点三：设立推动组拉通各方资源。项目推进组就像是项目各方协作共事的黏合剂，有它就能沟通四方，润滑前行。推进组成员最好是单独一拨人，而不能为了节省成本兼用其他管理要素的人。

注意点四：切记未试点成功就急于推行。有些人急功近利，好大喜功，如果项目试点还没妥当，业务还没验证成功就贸然推广至其他业务单元，很容易导致全盘皆输。

数字化转型本质上就是一场变革，是业务主导下的变革，无非这场变革的侧重点是与数字化进行了结合。无论是数字化转型六步骤还是四点注意事项，都是结合某企业在数字化转型过程中总结提炼的经验，其他企业可结合自己的特点进行改良，只有适合才能可持续发展。

6.7 5S视角下的数据治理

数据治理作为开展数字化转型的基础，如果缺乏重视及系统性的管理，将会使数字化转型之路更加艰难。众所周知，企业架构一般是由业务架构、应用架构、技术架构和数据架构四部分组成的，可见数据在企业架构中的重要地位不言而喻。而且我们在开展业务信息化过程中，系统中跑的也都是数据，企业也已经开始将数据作为重要生产要素之一。在当下数据驱动的数字化转型趋势开始被企业逐渐意识到，数据驱动数字化转型的本质则是基于数据和客观事实进行科学管理，实现数出一孔、业务数据可追溯、业务预测准确性。

在华为有一个共识是，业务流程的畅通根本还是数据的畅通，只有“数”出一孔，才能“数”出精彩。同时，精益生产中的5S（整理、整顿、清扫、清洁、素养）是对现实物理物品的治理基础，而数据又是系统中虚拟资产的关键生产要素。因此，在借鉴华为数据治理经验的基础上，我们将精益生产的5S理念与数据治理进行融合，形成A企业独有的数据治理推进方案。

通过调研及关键客户访谈，我们发现A企业目前的数据现状主要存在四个痛点。

痛点一：数据源不统一。系统主数据源不规范，人为手动录入较多，且系统间对接不规范。

痛点二：数据标准/机制不足。物料信息变更、作废等管理标准和机制不明确，导致数据维护专员疲于被动应对信息更改。

痛点三：数据集成未全面打通。由于信息“断头路”较多，导致信息流未端到端实现打通，信息传递信息不足。

痛点四：数据质量监控不到位。未建立系统的数据质量Owner、数据专员及监控机制，导致数据质量无人定期检查修订，可信度较低。

基于企业数据的上述痛点，我们借鉴5S思路来对数据进行治理，使管理的决策逐渐由“问结果”转变为“看数据”。借鉴华为的数据治理经验，我们计划用1~2年时间实现四个目标：

目标一：搭建从0~1的数据管理团队。任命各领域的数据Owner、数据工程师、数据质量官。

目标二：建立唯一可信的数据源。通过描述数据分布全景图，识别数据的来龙去脉，完善从数据资源的产生、更改、使用和作废的全生命周期管理，打通数据孤岛，形成完善的数据流通渠道。

目标三：形成统一的数据架构和标准。建立A企业的数据架构，形成可用的数据标准，实现关键数据标准应用和系统化。

目标四：固化形成有效管理机制。建立数据质量的监控和治理机制，减少异常数据，确保数据账实一致。

一个企业的数据治理本身是一项庞大的工程项目，如果全面铺开势必会造成资源的紧张和时间的遥遥无期。因此，根据业务重要性及紧迫性，我们可以以一个关键变革项目为试点，以项目中的指标为突破口开展主数据治理，通过建立指标、主数据类型与系统三者之间的关联关系，从而识别锁定本次数据治理的范围，这样也可以大大提高变革项目的成功度。

同样数据治理也是一项非常专业、循序渐进且伴随企业周期的长期工作，不可能靠一两个人来完成如此复杂的工作，健全数据管理的组织是确保数据治理有序开展的保障。针对不同业务领域均需要设置数据Owner、数据工程师和数据推进人等岗位，由业务来协助数据管理专家推进日常数据治理，从业务角度提供搭建数据架构、数据标准、数据质量等建议，接下来就由各业务数据组织人员按计划协助数据专家开展5S数据治理工作。

1. S整理：数据识别

通过梳理数据架构识别现有数据标准的不足、数据分布及流动、系统集成等，为数据标准和清晰提供输入。而需要识别的数据架构有四部分组成：一是数据资产目录，通过对数据进行架构分类，厘清数据资产，为数据治理提供指引，为数据分布和系统集成提供输入；二是数据标准，是对业务定义的规范，统一语言，消除歧义，为数据资产提供标准的业务含义和规则；三是系统集成全景，是IT各系统联动的全景图，可以识别系统间的连接关系，也是系统集成问题的导航仪；四是数据分布全景，是数据在流程及系统流动的全景图，识别数据的走向，是定位数据问题的导航。

2. S整顿：数据标准

根据识别的企业数据现状，结合行业标准、公司现有标准及其他公司经验，修订适合自身企业的数据标准，为后续数据清晰提供原则、规范和标准。不同的视角下有不同的数据标准，如业务视角下的数据标准是用于统一业务方面的语言，明确定义每个属性所遵从的业务用途、规则，并统一定义，避免重复；管理视角下的数据标准是业务部门遵从标准下的责任，包括责任主体、数据维护主体、数据监控主体等。

数据标准的制定原则也需要坚持统一性、唯一性、扩展性、稳定性、前瞻性等原则，并从标准的制定、审批、发布、实施、修订及停用等进行全生命周期的涵盖。

3. S清扫：数据清洗

打破部门视角的传统方式，贯彻全流程端到端的管理理念，通过工作事项驱动业务部门各司其职，完善数据资产从产生、更改、使用和作废视角进行全领域的修补。数据清洗事务繁杂，任务繁重，主要是补全遗漏项、修补不规范项、评审唯一数据源、调整错配项、识别作废数据项等工作。

其中，明确唯一数据源是数据清洗的源头，只有数据源清晰才能确保后续数据的真实完整性。因此，对于关键数据必须评审定义数据源，且关键数据只能在数据源录入、修改、共享，其他调用系统不能随意改动，所有系统必须从数据源获取关键数据，数出一孔，规范统一，由数据Owner负责确保监督数据源的质量。

4. S清洁：数据打通

依据确认评审的数据源对系统实施集成打通，完善数据流通的渠道，发挥数据源的辐射作用，从而确保主数据的唯一性。开展的主要思路就是借助数据架构中的数据分布全景和系统集成全景，根据业务实际需要打通系统集成的“断头路”，完善集成过程中的内容缺失项，优化系统集成内容，实现数据传输的系统自动生成。

对数据在系统中的流动采取管控措施，如集成逻辑流程化，集成内容规范化，确保下游系统不从非数据源系统集成数据，且无法修改、补录数据属性及权限。

5. S素养：数据质量

数据质量是确保数据价值发挥的前提，数据质量的提升是循环提升的过程，其终极目标是通过可靠的数据提升数据在使用中的价值。数据质量的建设过程是个系统工程，它包括数据Owner及数据工程师的组织及职责搭建，数据质量的制定标准，数据质量遵循的工作流程、监督及改善机制等。

数据质量的长效运行需要发动全员发自内心的数据质量持续改善，不仅需要建立定期各系统接口及报错机制，而且明确业务部门是数据质量第一责任人的数据质量观，不断开展正向、反向及交叉验证的清洗检查，再结合数据管理部门的数据质量标准要求和日常监督晾晒，最终使数据质量持续向好，并将好的经验沉淀成企业的数据治理机制。

数字化转型时代已来，中国企业正在迅速从流程驱动延伸至数据驱动，甚至是智能驱动，数据作为重要的生产要素之一有目共睹。工作中各种报告或PPT经常被要求用数据说话，数据已成为工作中不可或缺的一部分，未来大数据时代得数据者得天下。但目前国内系统数据的质量却让人堪忧，使得大数据的数据基础和算法结果让人质疑，数据治理成为提升数据质量的必然之路。

第四篇　内控管理

评价一个企业成功与否的标准，不仅要看其发展规模和速度，还要看其是否健康。我们运用流程管理和变革管理在促进企业迅速发展的同时，也要时刻关注发展过程中可能面临的风险，建立在流程基础上的内控管理就是我们为企业发展提供的“金钟罩”，使其安全且有质量的腾飞。

第7章　内控基础及风险识别与评估

7.1 内控管理与风险管理、审计及监察的关系

一本以流程为主线的书为什么会牵扯内控管理的话题？这或许是许多读者比较困惑的地方，也许一部分人就直接忽略此部分内容了。据我所知，在目前国内很多企业流程管理和内控管理的职能是由一个大部门统一管理的，因为一个讲效率，一个注重风险，如同阴阳两面。如果一家企业只讲效率忽略风险，则后果可能一个风险事件就能让企业回到解放前；如果只看风险忽略效率，做事畏首畏尾，则会让企业滞后发展，终归被时代的车轮碾压淘汰，只有两者紧密结合，互相协同才能为企业整体创造价值。另外，内控管理中的很多风险点也是需要借助流程管理才能真正落地和执行的，所以说谈流程管理绕不开内控管理这个主题。

随着企业各部门间专业化程度的不断细分，很多部门设置变得越来越精细化，仅在内部监督职责上就可能同时设置内控部、风控部、监察部、审计部等，就算公司内部员工有时也很难说清楚他们之间的定位和差异。作者在企业内部也经常被同事问“你们内控是干啥的？是不是查人的？”

甚至是看见内控来人有种“谈虎色变”的味道。为了便于大家理解什么是内控，我们就以内控管理为坐标来梳理下与其他相似部门/岗位的关系。

关于内控管理的概念，百度百科上的解释是：内控管理是企业为保证经营管理活动正常有序、合法地运行，采取对财务、人、资产、工作流程实行有效监管的系列活动。企业内控要求保证企业资产、财务信息的准确性、真实性、有效性、及时性。对这一概念的解读看上去有点长，如果用更精练的语言概括可参考COSO模型，它是由控制目标、控制五要素及适用范围组成的三位一体模型。

1. 内控管理与风险管理

内控管理通过与业务的紧密结合，在范围上主要是对企业内部风险的识别与预测防范，从而实现企业的经营效率和效果。而相比于内控管理，风险管理的范围更大些，它不仅包含企业内部，而且包含政治、经济、社会等外部风险都需要考虑在内，在适用范围上风险管理涵盖内控管理。

在控制目标上，风险管理不仅包含内控的经营活动、财务报告和合规性三部分，而且增加了战略目标导向视角。

在控制要素上，风险管理不仅涵盖了内控管理的控制环境、风险评估、控制活动、信息和沟通、监督等五要素，还额外增加了目标设定、事件识别、风险应对三个要素。

2. 内控管理与审计

相对内控和风险管理，对于审计而言大家更加熟悉，且相对成熟，一般企业也都设置了此部门。通常企业的审计范围涵盖财务审计、基建审计、离任审计和业务审计等部分。内控管理本身与业务息息相关，是防范业务风险的第二道防线；而审计又是对业务的再监督，这是防范业务风险的第三道防线。当内控对业务实施了一系列风险控制后，审计就会对内控管理的工作给予再次的评价和监督，及时发现业务及内控工作的不足。

我们在实施内控管理项目时，经常有同事反馈无法区分内控与审计在实施过程中的差异。针对这个问题，在企业内部研讨时内控专业线人员初步达成的共识是：审计偏事后，以查出问题和纠错为导向；而内控偏过程，助力业务目标达成导向，更为强调与业务的融合，通过检查发现问题预警风险，拉通业务和资源从方向及建议上改善业务现状，助力业务及管理的持续改善。

3. 内控管理与监察

监察部门这个叫法一般在国有企业中比较常见，而在民营企业中有时叫稽核部，通常是对人的一种监控、查办与威慑，它与内控管理的实施对象是不一样的，内控管理是对业务的监督和查漏补缺，而监察部是对人的一种监督和处理。同时，在时间维度上，内控在前中端，侧重于业务风险的识别、防范及改善，而监察部侧重在后端，是对已经发生问题的人进行的一种调查取证和惩罚。

内控管理、风险管理、审计和监察的职责有包含，有踩脚，有互为补充，也有同时并存，错综复杂的关系使企业在设置上也是探讨良久。尽管本篇介绍了他们之间的区别，但在实施过程中我们不必在意他们的范围与概念，只要我们的初心是为维护企业的正义和改善经营绩效，按照我们认为正确的方式行事。

我们接下来的重点还是以内控管理体系的搭建及推行为主线让大家系统全面地了解内控管理的理念、思路及方法，试图让大家按照这个实践做法都能掌握内控管理的日常推进路径，能够在各自企业中从0~1完整地实施内控管理。

7.2 策划内控体系搭建

伴随着国际风险事件及内控思想的影响，我国的企业也逐渐认识到内控职责是企业存在的必要。各家企业在成立内控管理部门时的理由五花八门，有的是监管部门国资委要求，有的是上市公司管控要求，有的是因竞争对手设置而设置……尽管成立初衷不同，但内控的目的都是为了确保企业的经营活动效益性、财务报告真实可靠、法律法规的遵从。在这里我们需要搞清楚，内控本身不是目的，而是实现目标的手段，为企业的经营和管理保驾护航。

为实现企业高质量的经营既定目标，搭建本企业规范的内控体系及有效运行机制，并培养一批具备专业能力的内控人员，我们需要拟订一份内控推行策划方案获得老板的认可与批准。

下面介绍的这家企业属于职责建设相对成熟的制造型企业，自身处于蓬勃发展期，内部各种流程/制度也是相对完善，但内控部门及职责却属于新建，企业内部员工对内控理念及认知也处于萌芽探索期，迫切需要自上而下来一场理念的洗礼与共识。为确保内控管理在本企业站稳脚跟，实现当初设定的目标，内控体系策划方案就成为第一剂良药。经过后续实践检验也起到了作用，得到了高层领导们的高度认同。

整个策划方案共分为三方面，分别是整体规划与策略、具体推进方法、团队搭建及保障机制。

1. 整体规划与策略

（1）建立内控体系的背景，首先从国外及行业角度分析内控搭建的大环境，然后从内部角度再强调内控建设的条件及紧迫性，说明内控能为企业解决什么问题，创造什么价值，让大家从内外角度了解内控建设的必要性和价值意义。

（2）介绍内控体系的行业COSO模型，让大家心里有数，国内外都是有套路和经验的，而且达成目标也是基本一致。

（3）一旦目标明确，我们就要详细说明未来1~3年的整体规划，该规划需要符合老板的投资回报预期，让老板对内控有长远规划，能够对内控的未来充满信心。

（4）规划当年的工作设想，需要我们整体介绍当年的推行策略、实施范围及具体计划，根据整体计划分为准备阶段、试点阶段及推行阶段。由于是第一年初建，摸着石头过河，最好选一些小而美且快速见效的项目，先让高层见到效益。

2. 内控体系具体实施方法

（1）遵从金字塔原理先说论点，我们整体介绍内控体系搭建的三个步骤：风险评估确定范围、内控设计有效性评估、内控运行有效性评估，让老板心里有个全局观。

（2）风险评估。首先根据内外部环境对企业内部可能面临的风险进行风险收集识别；然后根据调研、访谈、研讨等方法依据风险发生可能性及影响程度两个维度，分析评估风险的高中低；风险评估完成后就需要根据企业实际采取相应的回避、降低、承受和转移等策略应对，从而确定风险TOP项。

（3）内控设计有效性评估。此过程与流程架构的搭建过程非常类似，甚至是可以直接借鉴公司现有的流程架构逻辑对流程进行分层对应，通过寻找实际控制活动识别关键控制点，按照穿行测试方式验证流程设计的合理性，从而提出设计缺陷和整改建议。

（4）内控执行有效性评估。在设计评估的基础上，对关键控制点选择适当样本量执行评估测试，主要目的是验证做得与写得是否一致，提供给管理层充分的证据支持内部控制。

（5）内控专项推进。以上（3）和（4）是行业通用的内控搭建及推进策略，但我们还可以按照企业实际以专项的形式成立内控项目组，通过业务数据和细节分析，解决业务比较突出的问题，当然与（3）和（4）可以同时开展也没有问题。

（6）编制内控报告与手册。对试点业务模块实施测试操作后，参照体系检查的案例需要与被内控的部门进行沟通、召开末次会议、达成双方共识的内控报告，并总结经验教训建立本模块的内控手册。

（7）缺陷整改。尽管试点领域已完成内控体系搭建，但本着问题闭环的原则，仍需要对前期识别的问题进行缺陷确认整改、跟踪测试、定期评估，从而持续完善内控体系。

3. 团队搭建及保障机制

（1）内控体系有效的搭建离不开管理者和各级业务负责人的支持和协

助，我们不仅需要一个自上而下都认可的内控团队，还需要能涵盖企业整体的三道防线（业务—内控—审计），真正对企业的经营安全起到有效的防护作用。

为体现内控部门在公司的威慑力，一方面需要企业人力资源部下发的正式组织架构及职责公文；另一方面需要将财经、IT、HR等相关联方主管也纳入内控部门的虚拟小组成员，这样做有利于后续工作开展的效率和便利。

（2）搭建内控体系需要按照项目制运作方式，建立多层级的调度机制，定期与团队成员会议沟通审视项目进度、问题点及资源求助等，并针对关键里程碑向高层汇报结果及听取后续推进建议。

上述内控体系搭建的案例，并不是让大家葫芦画瓢，因每个企业环境、文化及建设初衷不同，可根据实际情况进行增减及调整，汲取精华、去其糟粕。我们要清楚，内控体系搭建的方案只是内控开始的“甜点”，后续的团队组建、专业赋能、文化宣传、专项实施、跟踪整改等才是我们内控开展的重头戏。

7.3 让企业渲染内控的色彩

在内控COSO模型中有五要素支撑着内部控制的有效性，其中第一个要素就是“控制环境”，也是内控的基础，是企业内控得以生存的土壤，也决定着其他要素发挥作用。控制环境的建立是一个庞大的系统，也绝不是一朝一夕便可建成，但并不妨碍我们在企业内部渲染内控的环境氛围。

通过内控实践，将一些在企业开展过程中涉及的控制环境做法举例展示，触类旁通，让自己的企业和员工在骨子里也浸染上内控的颜色。本篇将从组织搭建、培训赋能、内控期刊、交流汇报四个方面说明内控环境的建设。

1. 组织搭建

在上篇内控体系搭建策划中提到，关于内控部门的成立需要由企业HR部门下发正式的红头公文进行公示，表明公司对内控部门的重视和推进的决心。下发公文过程中需要有两点特别注意：

第一，内控部门必须直接向董事长或总裁汇报，体现内控部门的特殊性和中立性。内控本身是一把手工程，如果没有最高层管理者的强力支持，容易在中途遭到业务的阻击和夭折，发挥不了内控作为第二道防线的价值。

第二，内控部门必须与财经、IT、HR三者形成联动，建立四位一体的虚拟推动小组。因为内控工作的推进离不开财经提供的经营数据作为突破点，可以借助IT从系统导出业务交易数据开展分析，也需要HR提供人员基础信息和对最终处理结果的发文公告。只有将四方都纳入内控虚拟小组，才能提升每个人的内控主人翁意识和内控推进的运转效率，降低因部门墙产生的无效沟通成本。

2. 培训赋能

培训赋能是一个老生常谈的话题，无论什么组织或岗位的设置都需要开展一波意识及工具方法层面的宣贯，目的就是让大家统一认识，具备一套企业内部规范的打法，形成一种企业自身的内控符号和文化，让大家沟通在一个层面上，防止鸡鸭不同语的现象。

培训课件及讲师的开发决定了内控赋能的质量高低。当企业引进标杆企业经验丰富的专家时，可以按照不同层级及实施进度陆续开发不同类型的内控课件；当企业内控刚刚起步，又缺乏内部专家时，可以适当引进外部资源进行系统的培训赋能。关于课件的开发可以按照内容由浅入深进行编写，也可以按照内控推进进程编写每个阶段的知识点和工具方法，最终目的还是让大家对内控有一定认知。

3. 内控期刊

出于工作需要，内控部门可以单独创办期刊，但从管理的精益化上讲，个人建议将流程、IT、内控、信息安全等内容都整合在一起，每月出刊一期，减少管理的复杂性和读者查询时间。

对于一个刚成立的内控部门，为了弘扬内控环境，内控期刊的内容可以从两个方面刊登：一是信息宣传，主要报道一些外部标杆内控开展实践及故事，还有就是领导在各种场合针对内控工作的指示；二是对近期内控实施过程中发现的共性问题进行强调说明，切忌内容过细，以免遭到业务部门的反感和抵触。

4. 交流汇报

大家总是在讲向上管理，那怎样才能从上面获得我们所需要的资源，影响到高层对内控工作的支持呢？其中就包含不定期地将阶段性发现的内控问题向上汇报。通过汇报不仅可以让高层知道我们发现的问题具有一定的价值，对经营绩效有一定的改善，也能认可内控的工作，而且也可以趁机争取到更大的人力资源、费用赞助、数据支持、业务影响等，从而更有利于我们接下来的内控推进工作。

除了向高层汇报，还可以开展全公司内控专业线之间的定期交流，通过交流互通有无，互相借鉴，共同提升整个公司的内控环境。

7.4 内控风险识别

当企业慢慢渲染上内控的色彩，使企业营造有效的控制环境，我们就可以实施内控五要素中的风险评估，而风险评估的前提是要识别企业内部的风险，这是风险管控的依据。因此，为了强化企业生产经营过程中对风险的识别，尽可能降低风险发生的概率和影响程度，促进企业的健康可持续发展，而企业内外部风险的及时、高质量收集是基础，对后续风险评估及管控至关重要。

内控规划敲定后，内控部门就需要按照风险识别方法及策略开始向各业务部门全面收集风险的信息，按风险来源分为外部信息、内部信息、风险事件等，按风险识别方法又可分为正向与逆向，从而全面了解企业可能面临的所有风险。

1. 风险识别的范围

（1）外部风险

1）国家经济形式及走向、产业政策、融资环境、市场竞争生态及资源供给等经济因素；

2）国内外政治局势、外商开放及包容程度、国外禁令及限购等政治因素；

3）本城市的社会稳定性、城市文化传统、社会信用、教育水平、消费行为等社会因素；

4）技术进步、工艺改进、前沿技术突破、科技大会成果等科学技术因素；

5）法律法规、行业规定、监督要求等法律因素；

6）自然灾害、环境状况等自然环境风险。

（2）内部风险及风险事件

内部风险是我们需要收集的主要风险信息，通过制订内部风险及风险事件库信息收集表，向各业务部门内控负责人及内控专员开展内部风险信息收集。

1）董事、监视、经理及其他高级管理人员的职业操守、员工专业胜任能力等人力资源因素；

2）组织架构、经营方式、资产管理、业务流程等管理因素；

3）研究开发、技术投入、信息技术运用等自主创新因素；

4）财务状况、经营成果、现金流量等财务因素；

5）生产安全、员工健康、环境保护等安全环保因素。

2. 风险识别的方法

行业中风险识别的方法很多，整体来说可以分为正向法和逆向法。

（1）正向法

1）风险树法。参照行业《内部控制基本规范18项应用指引》中的模块，结合企业业务实际，搭建符合本企业的风险地图、风险事件库，可以较为全面地概括风险的范围，但颗粒度较粗。

2）鱼骨图法。可针对具体业务、专题或专项领域分析风险涵盖的范围，逻辑性较强，但适用范围较窄。

3）六顶思考帽或头脑风暴法。可以采取民主的办法集思广益地收集大家的意见，让大家畅所欲言，从不同角度识别风险区域，求同存异，但逻辑性不强。

4）风险假设法。常用于已识别某领域为可能风险点，通过假设“如果做不到……就会发生……”的逻辑进行识别和推测，带有较强的主观性，风险识别可能有遗漏。

（2）逆向法

所谓逆向法就是从已经发生的风险或相关材料中，如审计报告、稽核事件、经营分析、财务报告、业务自查等发现可能影响战略、运营、报告、合规，从结果倒查而发现的风险因素。

3. 收集风险与风险数据库

在明确了风险可能发生的范围，掌握了风险识别的方法后，我们按照正向法中的风险树法，首先在企业各部门寻找内控联络员，以他们为“据点”组织开展本部门的风险信息的收集提报工作，然后再由内控专家整理汇总形成风险数据库和风险地图，整体工作有以下两个步骤：

（1）风险信息收集。该工作由内控专家设计模板，内控联络员组织人员填写的逻辑开展，主要分为两个模板：一是潜在风险信息收集，是指目前业务可能存在风险隐患但未发生过的风险，潜在风险信息表主要包含提报部门、联络员、提报时间、潜在风险名称、风险信息描述及相关支持资料。二是风险事件收集，是指因内部或外部原因曾经致使企业发生过的风险事件，给企业造成了一定的影响或损失，风险事件信息表主要包含风险事件的来源、发生部门、发生事件、风险事件名称、风险事件描述、风险事件原因分析、应对措施、是否解决等。

（2）编制风险数据库和风险地图。在我们第一步收集的企业内部潜在风险及事件库基础上，内控专家结合行业经验、《企业内部控制应用指引》（以下简称内控18项指引）风险描述及标杆企业风险数据，形成本企业的《风险数据库》，风险数据库的主要目的是为了更全面地识别企业未来可能遇到的风险，它参照内控18项指引结合企业业务对风险类别进行一级、二级、三级分类，如一级运营风险可分为采购、营销、固定资产、人力资源等；二级采购风险又可分为采购规划风险、供应商管理风险、采购执行风险、应付风险等三级风险，非常类似流程架构的搭建逻辑。依照分解的三级风险对每一条风险进行概述和详细风险描述，从而形成完整的企业风险数据库。

至于风险地图，我们可以认为是风险数据库的简版，它是对风险数据库三级分类的简化概括，便于使管理者在一张图上清晰地查看企业整体的风险布局位置，识别风险重点管控区域等，为后续内控项目的实施提供了范围。

7.5 内控风险分析与评估

内控风险识别过程中，我们根据行业经验及内控18项指引编制风险数据库和风险地图，接下来对公司内部风险开展调研问卷工作。由于每个企业的实际状况不同，这个时候如果将风险数据库下发员工调研时，可能就会“水土不服”，毕竟不是本企业的一些术语和文化。针对这种情况，作者有一个Plan B计划，就是将风险数据库的题目转换成企业流程中的关键控制点，针对企业中关键控制点的风险进行问卷就显得非常亲切了。切记一点，在将关键控制点作为问卷题目时，一定要将问题描述提炼成简洁明了的简单句，不要过于浪费答卷人的阅读时间，否则反馈结果也不会太理想。

不管企业的风险数据库是根据行业编制的，还是企业自身的关键控制点专门设计的，针对每个题目的评估选项都会涉及两个维度：风险发生的可能性与风险发生的影响程度。同时，对于这两个维度也都会设置一些评价标准，包括评价要素与等级。

风险发生的可能性可以从定量与定性角度进行设置维度，如发生概率的比例与偶发事件的年限等因素评价，按照风险发生可能性的等级可以分为1~5级，分别为极低、低、中等、高、极高。

同样，风险发生的影响程度可以体现在内控目标的运营、财务报表与合规三个方面，也可以是企业日常运行、经济损失、安全事件维度，然后再按照风险影响程度的等级可以分为1~5级，分别为极轻微、轻微、中等、重大、灾难性。

通过将每个题目按照两个维度的得分乘积得到一个1~25分的一个数值，从而判断出每个题目的风险位置。无论是风险发生可能性还是影响程度的评价要素及等级，都可以根据企业实际情况进行灵活调整和设置，并不是一成不变的。

在明确了调查问卷的题目来源与评价标准后，我们接下来就是要选定我们调查问卷的对象，实际就是要针对内控18项指引或企业相关领域的业务人员开展问卷调查。由于国内大部分企业都是按照专业领域进行的部门划分，因此大家对风险的认知因受到日常业务的影响而有所侧重。为了得到真实的调查问卷，充分识别企业各领域所面临的风险，提高大家的风险意识，我们可以根据人员群体的不同将调查问卷设置成不同类别，比如设置A类问卷试题主要针对高层领导，试题类型也是偏宏观；设置B类问卷试题主要针对研发与工艺人员，试题类型偏研发业务；设置C类问卷试题主要针对生产与运营人员，试题类型偏生产计划与制造业务等。切记一点，风险调查问卷的发放范围不一定是全员，可以是一定层级以上的员工。

针对不同的人员所属业务类型设置不同的调查问卷，然后对公司现有人员与问卷进行匹配试卷，并将试题通过邮件或系统或APP的形式下发。这个过程中也可针对每个部门的内控专员进行问卷培训赋能填写要求与规则，提高调查问卷的回收质量。

调查问卷收集完成时，要分门别类对不同类型的调查问卷进行筛选，识别每种类型的调查问卷应回收多少，实际回收多少，其中，收回的调查问卷中的有效问卷数量是多少，也就是调查问卷总的完成率和有效率。同时，不仅要对ABC每种类型的调查问卷识别出TOP10的问题，也需要对调查问卷参与的人员层级对问题进行评价分类，如高层问卷结果占比50%，中层问卷结果占比30%，基层骨干问卷结果占比20%，这样就会得出一个ABC三个层级的加权平均TOP10的问题，之所以按照这个比例设置是因为，越是处于高位的人的认知越高、知识面也越广。

随着风险调查问卷结果及分析评估的出炉，接下来内控小组就需要结合问卷调查的结果对部分关联关系较强的关键高层人员进行访谈，这也是一次非常难得让高层接触了解内控的机会，访谈的主要目的是赋能高层和纠正调查问卷的认知偏差。

结合高层访谈偏向，对前期的调查问卷评估结果进行修订，就可以从客观与主观两方面，综合得出我们后续需要重点开展的风险设计/执行评估方向，也是我们实施内控专项范围的依据。

第8章　内控实施

8.1 内控专项实施八步法

传统咨询行业的内控实施套路就如上面提到的一样，按照先开展内控设计有效性评估，再执行有效性评估，而通过实践我们发现，内控的另一条路就是以专项形式开展，可以理解为直接开展执行有效性评估。当我们在开展内控实施专项时，经常会出现的一种现象就是一个专项一个做法，让内行人员也觉得内控专项实施颇为深奥，找不到进去的门路。那对于一个内控小白来说，有没有一种拿来即用的套路方法可以直接用在内控专项上呢？我的回答是肯定的，不然也不会有这篇文章。作者呈现的是个人的一些实践总结，供大家参考借鉴，也可根据实际内控专项情况进行增减环节。

大道至简，所有的管理或方法都是通用的，因此内控实施的八步法也可能适用于其他行业，大家可以在此基础上一起探索更好的方法交流。

1. 内控专项立项

任何一个内控专项的实施必须获得高层领导的支持和批准，只有授权认可的专项才会投入资源，否则也只是内控人员的一相情愿，不会触及领导的内心。立项过程需要明确内控实施的价值及目标、范围和时间，并成立专项小组负责实施跟进，对整体实施过程、质量、时间、进度把控。

2. 研究相关资料，梳理流程

明确内控专项实施范围后，就需要针对范围开展相关资料的研究及调查，可以从被内控部门、财经、管理推进、人力等部门索取组织、人力、数据、绩效等数据。为了更清晰地了解被内控业务逻辑，可以拉通有经验的业务专家一起梳理这个过程的详细流程，而不是流程文件中粗犷流程，场景的全面识别有助于后续数据分析的准确性。

3. 编制测试程序

通过对全场景流程的梳理，基本也就摸清了业务操作的逻辑，此时我们根据流程场景就可以编写测试程序。测试程序本质是就是计划对后面检查工作的一个基本步骤，有点类似检查操作SOP，先做什么后做什么，怎么抽样，什么方法检查等，但KCP环节仍是我们关注的重点。

4. 找准切入点，导出数据

通过对业务流程各场景的熟悉，以及遵照测试程序的指导，我们就可以按部就班地开展内控推进。重点分析流程的哪个环节是数据集结点，可以以此为突破点进行内控切入，找业务或财经从系统导出这个环节的交易数据或报表，就可以贯通向前追溯，向后延伸的整个业务脉络。

5. 多维度分析与抽样

从系统导出数据报表后，我们就可以从多个维度来分析这些“宝藏”。通过数据报表的表头类别和专项特性进行拆分和组合分析，比如统计哪种物料采购数量最多，哪种占比金额最大，分别是几月份采购的，哪位业务员操作的，哪家供应商占比最高，哪家供方物料报废最多，绩效考评怎样等，这些都需要我们从不同维度分析数据得出TOP项。

6. 下发内控通知，现场实施

前期基础资料的准备及数据抽样分析工作完成后，我们要提前向被内控部门下发通知，让被内控部门提前做好人员对接及资料准备。内控专项小组成员依既定日期进驻现场，按照测试程序和样本进行数据、台账及实物的验证和匹配，此时要根据实际可不拘泥于之前样本，适当扩大抽样比例进行相互验证前后逻辑的符合性。

7. 整理内控工作底稿，交换意见

针对现场发现的问题及时记录在工作底稿中，内容记录务必要详尽，比如哪个表单、哪个料号、什么时间、谁操作的、什么问题等，以避免造成后续的扯皮和推诿。每天内控实施结束前，要将发现的问题及时与被内控部门主管交换意见，达成共识，听取他们的反馈及原因分析，适当对问题进行修订和调整，但原则性问题绝不妥协。

8. 整理问题和建议，形成报告

按照工作底稿的记录对问题和可能存在的风险进行整理汇总，并对风险给出初步的整改建议，形成一份完整的《××专项内控报告》，向分管领导汇报。针对这些问题的可能风险，也需要业务部门制定详尽的近期及远期控制措施，内控部门要做好后续内控问题的跟踪闭环。

内控专项实施的这八个步骤看似简单，但会耗费大量的时间和精力，需要小组成员专人专注地深入分析和挖掘业务日常交易数据背后的问题。我们要学会以流程和数据为“钥匙”，撬开不曾被业务识别到的风险，将风险敞口关闭。

8.2 内控设计有效性评估

完成内控风险的调查问卷与高层访谈后，也就基本确定了风险范围TOP项，圈定了未来内控的重点实施领域。之后我们需要针对风险TOP项

对应的流程开展内控设计有效性评估。何为内控设计有效性评估？顾名思义就是针对前面提到的风险，我们公司内部的流程/制度有没有设计，设计得是否合理，其规定及要求是否能有效地防范风险的发生，因此需要满足以下三个要素：

第一，存在性。风险已经被提前识别，风险的防范过程及控制措施有明确的规定，并被一贯执行。

第二，合理性。已经设计的内控措施对公司所有员工具有一定的约束力，且符合公司的文化和行为规范，易于被执行。

第三，恰当性。内控的设计符合企业自身的商业模式、组织运转、当下商业环境等，并结合以上确定高风险的内控措施，达成企业内控目标。

那么如何才能有效地实施内控设计评估呢？我们可以按照以下四点进行开展。

1. 确定对应风险的流程位置

随着企业人员对流程意识的逐渐提升，企业基本都有自己的流程架构，我们可以按照风险所在领域及特点，从一级流程类、二级流程组、三级流程、四级子流程等逐层分解，将风险锁定在与企业对应的流程层级上。

2. 寻找对应活动，识别关键控制点KCP

流程的关键控制点对目标的达成、风险的控制起着重要作用，一般由各领域的业务专家与内控专家共同识别，且随着业务的发展也会发生变化。关键控制点的选取原则一般由四个方面：

（1）与钱相关的节点。是否有钱是当下我国很多地方评价一个人成功与否的衡量标准，我个人认为，这是价值观有所扭曲的，因此与钱相关的环节是最容易滋生腐败和问题的地方。

（2）与合作伙伴接触的节点。员工与公司外的供方及其他合作伙伴接触也容易合伙损耗公司利益。

（3）业务增值的节点。业务增值的地方恰恰是我们的核心竞争力，要守住这个环节，不能损坏已有的优势而被对手超越。

（4）控制成本太高的节点。企业盈利的手段主要就是降本提效，所以针对高成本的环节要严加管控，防止无效的成本增加拖垮企业的发展。

为了更详细、全面地对业务风险进行控制和设计，我们风险控制点的选取范围也可以适当扩大，通过业务实践我们建议参考如下五个渠道补充完善：①内控18项指引对应领域；②历史风险事件库；③原有流程KCP点；④管理要求；⑤上下游流程要求等。

3. 执行穿行测试

所谓穿行测试就是针对我们的内控设计及管控要素，安排专人采取走线、访谈、记录、观察等方式进行内控KCP的遵从度检查。通过抽取大量样本验证我们的KCP设计的有效性，看是否合理，能否有效规避可能的风险。

这里需要注意的是，在内控设计埋点及穿行测试时，一定要识别清楚现有业务的各种场景，只有从不同的场景中都选取样本进行验证通过，才能说明内控设计的有效性，否则就可能在未来有风险发生。

4. 提出缺陷及整改建议，完成整改

通过选取样本验证内控设计的缺陷，我们就可以参照内控实施的职责分离、授权、预算、绩效管控等措施，落实到流程、系统、机制及管理中，将可能的风险尽可能用流程或系统的方式解决，而不是“头痛医头，脚痛医脚”，避免单点式解决问题。

内控是通过识别发现问题、预警风险，但真正落地实施还是靠业务，不能代替业务去做他们应该做的事情，而且内控人员不及业务人员专业，内控只能通过专业的方法提供方向性建议。通过内控的整改建议，业务人员提供更加详细、体系化的整改举措，明确责任人和完成时间，直至跟踪问题闭环。

通过以上内控设计有效性的四步法，我们形成了一份包含可能的风险、对应流程、关键KCP、规范要求、目前控制措施、控制频率、控制手段、穿行测试结果、整改建议、整改完成情况等风险控制矩阵，有了这个风险控制矩阵就为我们后续的执行有效性测试提供了基础。针对执行有效性的评估有点类似流程检查，是从业务实践中抽取大量KCP样本进行验证风险的可能性，是对设计有效性评估优劣的再次实践检验，与后面介绍的内控专项实施类似。

案例解读

针对企业资产安全的设计及执行有效性评估

A企业作为一家当地大型制造企业，在过去几年的生产经营过程中曾出现过几次资产安全的偷窃风险事件，给企业高层留下了不良印象，自然也成为企业内控实施的重点领域。

为了全面系统地识别企业产品带出车间的所有场景，防范产品偷窃事件的再次发生，内控联合安全部门一起对企业的成品带出车间场景进行了收集、验证、纠偏和测试，通过设计及执行有效性的评估将企业资产丢失降为零。

第一步，收集产品带出场景。由内控部门根据业务特性设计产品带出车间的标准模板，然后由业务人员根据业务的实际发生情况进行全公司范围内各部门的填写，目的就是要识别全面，防止遗漏。

第二步，与业务部门逐一验证。通过第一轮全面收集的业务场景，内控和安全部门分组对业务的填写情况进行实际验证，避免理解错误而导致的填写错误。同时，结合实际发生的案例与填写的场景进行相互印证。

第三步，对不合理场景进行纠偏。对业务填写的场景进行验证修订后，还需要全面审视目前的实际业务做法的合理性。并不是说存在即合理，而是要从内控的角度审视当下产品带出车间业务的风险并及时纠偏，如，删除产线直接拿产品带出车间场景，要求带出前必须先入库入账；杜绝不规范的手工台账，提倡管理及操作系统化，实现可追溯可预警。

第四步，实施执行有效性评估。通过场景的全面识别、逐一验证、不合理纠偏，就形成一张企业产品带出车间的场景全景图，将此场景图下发给各业务借出/领用部门、仓库、安检等，让他们遵照此进行执行，内控部门后续就根据这个场景图进行每月的轮番检查。

通过本次针对资产安全内控的集中整治，A企业的产品带出车间场景全部浮出水面，让后续内控的执行有效性检查有了抓手，也实现了企业当年资产安全零丢失的风险。同时，为企业的其他领域内控专项提供了宝贵的经验和借鉴作用。

8.3 从面到点聚焦内控实施范围

根据前期内控调查问卷和高层访谈的分析，我们基本可以确定后续内控实施的基本方向，也是上下共识的结果。虽然大范围和方向确定了，但到底从哪里下手开展执行有效性评估，其实这个面有点宽泛，离真正执行有效性评估还有段距离。

从这个方面看内控的切入点就变得尤为重要，需要聚焦，既要确保内控实施对公司能产生价值，也要能让全体员工意识到内控业务存在的意义。内控从面到点的切入点可以从以下三个方面介入：

（1）曾经或可能会给公司造成损失的业务。这个方向是从风险的角度切入，而且让人回忆容易有画面感和刺痛感，存在记忆中比较深刻，容易让人想起。

（2）价值、关注度或资产较大的业务。因为价值较大，自然就会让更多的人关注和想看看有什么可提升的空间，如设备在任何企业都是重要的资产，可能也是需要我们关注的点。

（3）目前业务有痛点，是让人难受的业务。由于近期让业务受阻，所以这个点容易引起多方的共鸣。

通过以上三个切入点，就能将我们内控实施的范围进一步聚焦，便于我们谈论时更加有所指向，否则就是纸上谈兵。下面我们就以生产当中的“报废”为切入点展开我们的聚焦过程。

当我们一旦确定了以报废为内控的实施范围后，我们就需要拉通业务内控接口和业务专家一起研讨整个报废的业务流程：生产产生不良→品质检验确认→输入系统数据→实物送仓库→每周拉通相关方评审（分支工废和料废）→工废入待报废仓→月底报废评审走系统签批→报废处理→料废入退货仓—采购下退货单给供方。这就是整个生产报废的具体流程。同时，这个过程中还需要了解每个活动的操作角色、涉及系统、输入输出及表单等，这些都为我们后续开展实施内控提供了丰富的素材和便利。

我们在研讨这个流程中发现，其实在场的没有一个人能详细说清楚这个流程的全貌，但当大家都坐在一起梳理时才恍然大悟，每个人都能从这个研讨过程中学习到一些东西，对报废业务有了更深和全局的了解。

梳理完报废流程就可以开始实施了吗？非也。你现在是不是依然有种无从下手的感觉，不知道接下来继续从哪里切入数据，这也是当时我们在场的所有人的感受。通过对全流程的观察和思考，我建议分别从工废和料废的两次系统数据为第二次切入点，分别为工废的月度系统签批数据和料废的采购下的退货单，这样我们就有了抓手和数据分析的根基。

既然确定了后续数据的切入点，那么接下来就该找相关业务人员索取数据了。但且稍等，在从系统导数据之前，我们还需要做三项前期准备工作：

（1）找信安专员要一份标准版的项目保密协议，让参与项目的相关人员签字并备案，确保关键资料的不外传和泄露追责。

（2）从待导出数据切入点出发，编制一份测试程序，详细描述后续的操作过程。

（3）梳理一下待导出数据涉及的业务范围，向后续内控实施的部门下发一份正式版的《报废专项内控通知》，让被内控的部门提前做好相关对接和资料准备，以免打扰业务的正常开展。

梳理完内控执行有效性评估实施范围的聚焦后，我们接下来的工作就是找具体负责系统数据的相关人员导出数据、分析数据。

8.4 内控实施数据分析与路径探索

根据内控专项实施的对象范围和时间范围，以及聚焦的业务点，我们也就基本确定了系统数据的样本抽取范围，拿上面提到的报废专题，我们就以系统导出的生产报废数据来分析举例。

制造行业生产现场关于生产报废可以分为工废和料废，工废是指由于人员或机器操作失误而导致的物料报废，属于自身操作的缺陷问题；而料废则是由于物料本身存在缺陷，在来料检验或过程检验中被抽检出来而导致的报废。假设以某一年为内控实施区间，我们在抽取工废和料废的月度样本数据时，可以重点参考如下几个维度：报废数据最多的月份，季度末最后一个月，供应商退料最多月份等，根据抽取的典型月份数据分析这些数据背后存在的问题。

在抽取其中一个月工废/料废数据基础上，我们可以继续围绕以下几个维度分析：

（1）从项目的维度筛选，看哪几个项目本月报废数量较多，选出TOP项。

（2）从物料维度筛选，看哪些物料报废的金额比较大，选出TOP项。

（3）从损耗率的维度筛选，看哪些物料的损耗远远超出当初设定的标准损耗率，选出TOP项。

（4）从供方维度筛选，看哪几家供方物料供应多次有问题，选出TOP项。

通过选出本月从各个维度分析的TOP项数据，我们再横向对比抽取的其他月份的类似数据，然后做一个Excel表对比分析看哪些项目多次重复出现在其他几个月中，哪些报废量大的物料数据多次重复出现，哪些物料的损耗多个月一直超标，哪家供方连续绩效较差等。通过对这些抽取的几个月的数据横向再排序就会锁定问题比较大的项目、物料及供方，这些横/纵向抽取的数据就是接下来我们现场查验的样本了。

与被内控部门约好时间，准备好相关资料后，我们就开始对前面选定的样本进行现场数据及记录核实，主要从当月总报废数量及价值损失的一致性、台账记录合理性、报废单据填写规范性、不相容岗位分离情况、报废数据与补料数据的一致性、流程执行的遵从度等方面实施内控。尽管对生产报废内控的实施也发现了一些业务执行与不合规事项，但从发现的问题角度却引起了作者的深度思考："内控跟体系/流程检查、审计检查有什么不同呢？"

目前国内各企业在开展内控实施过程中，出现了以下三种模式：

（1）咨询公司的内控推进模式，即通过风险分析及评估确定后，再进行设计有效性评估和执行有效性评估，此模式的应用在普华永道、毕马威、安永等会计师事务所及国内比较普遍，也得到了广泛的共识。

（2）类似流程检查模式，即从流程角度反复验证业务人员对业务流程的执行情况，从而发现业务存在的风险和问题。

（3）回归内控的目标本质，以实现公司业务合规、财务报表准确一致、经营绩效正常有序为目标的内控检查。

那么目前对于内控刚起步的企业到底参照哪种模式呢，经过各部门内控专员的探讨和分析，共识认为我们应该走的路兼而有之，即首先需要将业务流程化、规范化，在设计有效性基础上，再围绕业务流程做执行性检查，但检查问题的出发点不只是流程，也从数据作为切入点，紧紧围绕内控目标导向（合规、财务报告、资产安全、经营绩效）的检查，通过数据中发现问题识别风险，从而采取控制措施帮助业务控制风险和解决问题，最终提升企业的经营绩效水平。

因此，我们在开展内控管理推进工作时，有时不用纠结于什么套路或行业标准，而决定我们内控实施标准的应该是结合企业当前实际，在当下怎么做能够控制风险，能对企业产生价值，这才是硬核标准。

8.5 编制内控报告

当我们完成一次执行有效性评估或内控专项时，就需要输出一份详尽的内控总结报告，它既是对内控发现问题的总结和提炼，也有助于及时将内控可能的风险向上级汇报，以便对内控部门给出的控制建议进行落地实施。

编制内控报告的前提是首先需要对前期的内控检查工作底稿整理完善，将发现的问题对应相关的流程、业务控制环节、检查测试记录、设计OR执行缺陷、缺陷认定结果、已采取的控制措施等进行梳理清楚，这是后面编制报告的主要资料输入。

针对整理的内控问题及发现，不能直接复制到内控报告中，这样缺乏条理性，因此需要事前将所有的问题进行归类呈现，归类数量不宜太多，建议3~5类即可，可以按照内控问题、问题归属部门、风险类别、同类控制活动等划分。

把内控工作底稿及问题风险归类后，我们就可以针对某一专项编制内控报告，内控报告编制的形式不限于PPT或Word，只要能把事情说清楚都是可以的。关于内控报告的整体思路可参考专项背景、策划方案、抽样维度、主要问题或风险、整改建议五部分阐述。

1. 专项背景

专项背景是为了统一让听汇报的人能够将事情聚焦，主要说明专项的来源，为什么开展此专项，目前可能存在问题或风险，最终需要达到什么目的或目标，这些都是Why层面的问题，也是我们内控实施的出发点。

2. 策划方案

针对此内控专项，我们是如何策划的，我们内控实施的组织如何构成，涉及哪些部门、人员、流程，内控实施的物理范围、组织范围、时间范围、业务范围，内控的详细实施步骤如何推进，测试程序如何编制等信息。

3. 抽样维度

内控检查实施不同于流程检查，它不只是从流程体系的角度看执行符合性，更多的是从数据的维度切入分析。因为有些数据在公司是保密的，所以我们接触数据分析的人员需要提前签订保密协议，然后才能从财经维度导出数据进行各种维度的分析。

数据分析的维度可以按照导出报表的字段及各种字段的排列组合去验证，比如可以是项目维度、客户维度、金额维度、数量维度、月份维度、操作员维度，也可以是将数量及金额与月份、操作员组合一起分析，从而可以发现某位操作员在某月操作金额较大，便于后续继续深挖原因。为精准有效地展示效果，分析的过程可以借助图表，可根据不同事项选用不同的图表类型，如说明各部分占比可用饼状图，说明时间序列可用柱状图，说明相关性可用散点图等，在这里给大家推荐一本书《用图表说话》，针对不同内容使用不同的图表格式都有详细介绍。展示的意义在于说服上级，证明你的问题及风险是逻辑严密的，经得起推敲的，具有说服力。

4. 发现的主要问题或风险

如前所言，在编制内控报告前，需要将发现的问题进行归类，否则一窝蜂地把问题都罗列上，会让人有种杂乱无章、无逻辑的感觉。在这里再给大家推荐一种逻辑性比较好的方式，就是可以将所有发现的问题分别放在流程的不同节点上，这样就可以一目了然地知道哪个环节问题或风险最高了。

把问题或风险归类条理后，我们需要针对发现的每个问题也进行总结提炼一句话，然后用实例说明问题和风险。实例说明时要清楚地描述发现问题的时间、部门、单据编号、实物类型、问题表象、不符合流程或制度项、可能存在的风险等。我们所有的问题或风险发现都要与我们内控的目标——合规、财务报告、经营活动相比对。

5. 整改建议

针对这些问题和风险，内控给出初步的整改建议和时间要求，后续还需责任部门和内控部门联合协同制订详细的控制措施，这同时也是责任部门管理层的责任。如果涉及重大组织调整、人员处罚等事项，建议提前与分管领导进行线下沟通后再上报。

在前面章节曾经强调过，不建议对内控发现的问题和风险涉及的人员进行处罚，以免造成后续工作的被动。我们内控实施的出发点就是想让业务人员充分且地暴露问题，然后我们从内控角度审视有何风险，只要能将风险规避，后续不再出现类似问题，那么我们的内控工作就是成功的，防患于未然才是我们的目的。

根据作者对主流网站的查阅发现，目前国内介绍内控的著作相比流程管理没有那么丰富，而且目前已存在的内控运作模式也基本是十几年前的水平，没有过多创新，这也鞭策我们对内控工作需要大胆探索和勇敢与时代接轨，让内控管理与流程管理、数字化转型变革等时代基因充分融合，为企业创造更大的价值。

最后再重申下，内控是业务的合作伙伴，不是“锦衣卫”，是帮助业务人员提前识别和规避风险的，最终需要达到的水平就是神医扁鹊大哥那样的“治未病”。